당신의 가치를 업그레이드하는 **웃음의 달인**

당신의 가치를 업그레이드하는

웃음의 달인

김종석 지음

차례 c o n t e n t s

웃는 사람이 세상을 바꾼다

소문만복래笑門萬福來, 일소일소일노일노一笑一少一怒一老 등 웃음을 칭송하는 말들은 어느 나라에나 있다. 그만큼 웃음은 좋은 것이지만, 사실 어른이 되면 웃을 일이 별로 없기도 하다. 부족하지 않고 넘치는 것이라면 굳이 이런 사자성어까지 만들어낼 이유가 없지 않은가?

아이는 하루 평균 300회 웃는 반면, 어른들은 하루 평균 15회 정도 웃는 다고 한다. 어른이 되면 무뚝뚝하기 짝이 없어지는 것이다. 그리고 보면 나 역시 얼굴에 있다는 웃음 근육이 떨리도록 웃어본 일이 언제일까 싶기 도 하다. 한번 웃어보려고 해도 주변을 둘러보면 맞장구쳐줄 사람이 없 다. 날이 갈수록 복잡해지는 세상, 어딜 가나 바쁘다는 말들만 넘치고, 남 들보다 먼저 좋은 직장에 취직하려는 사람은 있어도, 남들보다 먼저 웃으 려는 사람은 없다. 익살과 웃음은 '돈이 되지 않으니' 천대를 받는다. 그럴 때는 나에게도 누군가를 한바탕 웃게 만드는 재주가 있으면 얼마나 좋았까 하는 생각이 들기도 한다.

그것은 이런 세상에도 웃음의 긍정적 힘을 통해 세상에 도움을 주는 사람들이 있고, 나 역시 그들에게서 많은 것을 배우기 때문이다. 이 책의 저자 김종석 씨가 바로 그런 사람들 중의 하나다.

김종석 씨는 오랜 세월 동안 「EBS 딩동댕 유치원」에서 '뚝딱이 아빠' 라는 제 2의 이름으로 제 2의 삶을 꾸려오면서, 이 시대의 칭송 받는 익살꾼으로 자리매김했다.

언젠가 그의 말을 들어보니 이제 막 글씨를 알게 된 아이들이 "뚝딱이 아빠 사랑해요"라고 생애 최초의 팬레터를 보내온다고 한다. 어떤 짓궂은 꼬마는 "뚝딱이 아빠와도 결혼할 수 있나요? 저와 결혼해주세요"라고 프로포즈도 해온다. 그야말로 절로 입가에 미소가 그려진다.

이처럼 김종석 씨는 이제 한 사람의 예능인이기 전에 아이들에게 웃음을 주는 웃음 전도사로, 더 나아가 진실되고 따뜻한 유머의 달인으로서의 길을 걸어가고 있다. 그러고 보면 남들에게 웃음을 주는 일 만큼 어렵고도 즐거운 일도 없구나 하는 생각이 든다.

나는 하고 많은 웃음 중에서도 뚝딱이 아빠 식의 웃음을 좋아한다. 뚝딱이 아빠의 웃음은 냉소와 비하로 가득한 유머들과는 달리 남녀노소 누구에게나 희망을 주는 따뜻함과 진심이 담겨 있기 때문이다. 나는 그런 그의 유머가 어린아이들과 함께 했기 때문에, 더 나아가 그 자체가 정열적이고 따뜻한 삶을 살았기에 가능하다고 생각한다. 웃음과 삶은 결코 동떨어질 수 없는 것이고, 웃음의 달인은 곧 삶의 달인과도 연결되기 때문이다.

이 책은 김종석 스타일의 유머, 다른 사람에게 빛이 되는 유머의 기술을 일목요연하게 담아낸 책이다. 뚝딱이 아빠의 유머에 푹 빠지고 싶은 이들, 남을 웃기고 자신도 웃고자 하는 모든 이들에게 큰 도움이 되리라 믿는다. 또한 그의 이 책이 많은 이들의 삶 속에서 녹아 흘러 더 많은 웃음 넘치는 사회를 만들어가기를 기대한다.

방송인 이덕화

고정관념을 버려야 하는 시대의 생존법

만일 '누군가를 마음껏 웃길 수 있는 능력'과 '누군가를 복종하게 하는 능력' 중에 하나를 선택할 수 있다면 어느 쪽을 택하는 게 나을까?

사람마다 다르겠지만 나라면 "잘 웃고 잘 웃기는 사람이 되도록 해주십시오!" 외칠 것이다. 울음과 통곡이 '불행과 고통'을 의미한다면, 웃음은 그 자체로 '낙관과 희망'을 대변한다. 잘 웃고 잘 미소 짓는 사람을 보면 이 말이 무슨 뜻인지 금방 알 수 있다. 웃는 주름이 잡힌 따뜻한 눈매, 바짝 치켜 올라가 시원하게 이를 드러내는 웃음, 목청껏 껄껄 웃는 웃음소리, 이 만큼 기분 좋은 풍경도 없다. 바로 이들이야말로 웃음의 달인들일 것이다.

그런가 하면 사람들에게 웃음을 주는 일은 결과적으로는 나 자신을 위한 것이기도 하다. 수많은 사람들이 신나게 웃는 풍경을 한눈에 바라볼 수 있다는 건 그 자체로 신나는 일이기 때문이다.

사실 웃는 얼굴은 인간에게만 주어진 것이 아니다. 가만히 들여다보면 개도 귀를 납작하게 눕혀서 꼬리를 흔들며 웃고, 고양이도 갸르릉 콧소리를 내며 몸을 비벼온다.

그뿐인가? 날씨가 좋을 때는 산의 나무들도 바람에 가지를 흔들면서 웃고, 너른 바다도 푸른 물결로 밀려왔다 물러갔다 덩실 덩실 춤을 춘다. 희망이란 어쩌면 이렇듯 세상 전체를 웃음으로 바라보는 일이고, 이것이 바로 삶을 바꾸는 계기가 된다. 온 세상이 다 웃고 있는데 혼자만 웃지 않을 수 없기 때문이다. 그런 의미에서 웃음은 잔뜩 찌푸린 하늘 사이로 열리는 한 줄기 빛처럼 낙관과 희망과 비전을 주는 일이라고 할 수 있다.

그렇다면 누군가를 마음껏 웃기는 일에는 어떤 준비가 필요할까?

최근 들어 '달인'에 대한 많은 이야기들이 떠돌고 있다. 달인이란 한가지 일을 지속적으로 연구하고 실행해 그 분야에서 많은 노하우를 쌓은 사람들을 말한다. 달인에게 자신의 일은 생활의 일부이자 살아가는 목적이며, 몸과 정신을 단단하게 만들어주는 든든한 힘이다. 즉 달인이 되기 위해서는 많은 연습과 공부, 노력이 필요하다.

그것은 웃음의 달인도 마찬가지다. 웃음의 달인이란 웃음에 통달한 사람, 즉 자신도 잘 웃고, 남도 잘 웃기는 사람이라고 할 수 있다.

흔히 사람들은 잘 웃고 잘 웃기는 것을 선천적으로 타고난 능력이라고 여긴다. 그러나 내가 웃음을 전파하는 일을 하면서 얻은 교훈은, 웃음에는 '선천적인 부분'이 없다는 것이다. 그것은 연습을 통해 얻어지는 창조력이고, 노력의 결과물이다. 또한 그 자신과 타인 모두에게 기쁨을 가져오는 좋은 일이다.

웃음의 달인들은 자신도 웃고 남도 웃길 수 있는 이른바 쌍방의 웃음을 능숙하게 창조한다. 아무리 긴장된 순간에도 웃음이 '빵' 터져 나오면서 무겁게 가라앉았던 공기가 순식간에 물처럼 가벼워지고 반짝반짝 빛난다. 그리고 바로 그 낙관과 희망의 분위기는 많은 사람들을 끌어들이고 그 자신까지 행복하게 만든다. 또한 웃음은 거기에서 멈추지 않는다. 웃음은 사람을 즐겁게 하는 이상으로 의지를 굳게 관철시키는 도구가 되기도 한다.

역대로 훌륭한 리더들 중에 유머 감각이 뛰어난 사람이 많았다는 점도 이를 잘 증명한다. 미국의 레이건 대통령이나 현대 기업의 정주영 회장, 영국의 처칠 수상 등 그 외에 많은 유명 인사들이 유머로 세상을 바꾸고 위기를 극복했다. 유머러스한 발언 속에서 날카로운 일침을 가하는 이들은, 무작정 냉소하고 공격하는 이들보다 훨씬 많은 대중들을 설득시킨다. 즉 좋은 유머는 단순한 웃음이 아닌 가치와 설득, 희망과 비전, 여유와 사랑 모두를 내포한 매력을 가진다.

실례로 영국의 역대를 통틀어 가장 유명한 수상으로 꼽히는 처칠을 보자. 그는 항상 자신의 측근들에게 이렇게 말했다.

"이보시오, 좀 웃지 그러시오. 그리고 부하들에게도 웃음을 가르치시오. 웃을 줄 모른다면 최소한 벙끗이라도 하시오. 만일 벙끗이라도 못한다면 그럴 수 있을 때까지 물러나 있으시오."

이처럼 웃음은 매우 중요한 기능을 가지는 만큼, 이제 '웃기는 일'을 우습다고 여기는 고정관념은 사라져야 한다. 세상은 무거운 것이며 웃을수록 사람이 가벼워 보인다는 편견도 버려야 한다. 웃음의 달인으로 가는 첫발은 바로 이 같은 고정관념을 버리고 그 자신부터 활짝 웃는 것이다. 누군가에게 '낙관과 희망'을 주는 사람은 항상 주변에 많은 사람들이 몰려들게 마련이고, 나날이 고단해지고 피곤해지는 일상 속에서 이제 세상은 웃음을 만드는 자에게 예기치 못한 선물을 줄 것이다.

이 책은 '웃음의 달인'이라는 새로운 키워드를 통해 우리 시대의 웃음, 그 웃음을 이끌어내는 법, 그로부터 얻을 수 있는 많은 성과들을 다룬 책이다. 나는 이제껏 사람을 '웃겨오면서' 나는 웃음에도 일종의 메커니즘과 법칙이 있다는 것을 깨달았다. 또한 그것을 몸에 익히려면 꾸준한 노력을 해야 한다는 사실도 알 수 있었다. 이 책은 그 같은 깨달음에서 비롯된 결과물로, 웃음의 원천과 그것을 활용하는 방법, 그 테크닉까지 꼼꼼히 살펴볼 수 있도록 구성되었다. 가벼운 농담, 진지한 미소, 신나는 박장대소, 웃음의 훌륭한 효과를 직접 확인하고, 바로 당신부터 '잘 웃는 사람'이 되기를 진심으로 바란다.

지은이 김종석

제1장

세상을 행복하게 만드는 웃음의 달인

우리는 누구도 절망하거나 고통스럽거나 외롭기를 바라지 않는다.
우리 모두가 원하는 것은 언제나 기쁨과 환희, 따뜻한 유대감이다.
웃음은 바로 이 모든 감정의 시작이다.

웃기는 사람들,
세상을 주름 잡다

유난히 주변 사람들을 잘 웃겨주는 이가 있는가? 그 사람과 함께 있으면 항상 즐겁고 힘이 나는가? 그렇다면 이제 그 사람을 주의 깊게 살펴보자. 아마 그 주변에는 항상 사람들이 모이고 화기애애한 분위기가 넘칠 것이다. 웃음으로 거북한 분위기를 부드럽게 만들어주니 이른바 '적'이라고 할 만한 사람도 없다. 남들은 화를 낼 상황에도 툭 하고 유머를 던지는 모습은 그를 여유로운 사람으로까지 보이게 한다. 그들은 바로 어느 조직에나 하나씩 있는 이른바 '웃기는 사람들'이다.

유쾌함을 나눠주는 이들

'웃기는 사람들'을 볼 때 우리는 기분이 좋아진다. 그들은 흩어진 주변의 역량을 모으고 무기력한 분위기에 생기를 불어넣는 주춧돌 역할을 한다. 그가 경영자이건, 마케터이건, 공무원이건, 자영업자건 상관없다. 그들은 어쨌든 조직 안에서 누군가를 이끌거나 협력하는 관계에 있고, 그 안에서 웃음의 효과를 단단히 본다. 일이라는 것은 기본적으로 설득을 하고 상대를 내 편으로 만드는 일이기 때문이다. 그리고 이런 상황에서 누군가를 웃게 만드는 일은 그를 내 편으로 끌어들이는 에너지가 되고, 결과적으로 하나의 리더십으로 변모된다.

그렇다면 이처럼 유머가 많은 사람들에게 어필하는 이유는 무엇 때문일까?

사람의 마음에는 여러 감정들이 공존한다. 기쁨과 환희, 절망, 고통, 슬픔과 분노, 아쉬움, 서운함, 미안함, 짜증스러움, 불안, 외로움, 평온함 등등 말 그대로 셀 수 없을 정도다. 게다가 최근처럼 경제가 불안하고 미래가 불투명할 때는 이 감정의 균형이 쉽게 어그러진다. 인생사 새옹지마니 항상 웃고만 살 수는 없지만, 최소한 한번 눈물 뒤에는 웃음이 있어야 살 맛도 난다. 그런데 요즘은 그렇지만은 않다. 괴로워하는 사람이 행복해하는 사람보다 월등히 많은 것처럼 느껴지는 것이 사실이다.

하지만 이 같은 상황에서도 우리에게 가장 이롭고, 누구나 느끼고 싶어 하는 감정은 여전히 웃음과 행복이다. 누구도 매일같이 눈물 흘리고 고통스럽고 싶지는 않을 것이기 때문이다. 이럴 때 누군가에게 웃음을 준다는 것은 기쁨과 따뜻한 유대감, 유쾌함을 나눠주는 일이 되고, 그 자체로 다른 이들에게 힘을 발휘한다.

어느 회사에서 벌어진 일이다. 한 직원이 지각을 해서 사장이 잔소리를 시작했다.

「자넨 대체 뭐 때문에 이렇게 늦었나? 중요한 회의를 잊었나?」

그러자 직원은 깊은 한숨을 푹 내쉬고는 사장을 바라보았다.

「사실은 일이 있었습니다.」

「일이라고?」

「오늘 XX동에서 버스가 사람을 피하려다가 그만 인도로 뛰어들어 남의 집 가게를 들이받는 바람에 그만…」

직원은 끔찍한 풍경이 생각나는 듯 다시 고개를 숙였다. 이에 사장은 깜짝 놀라 말했다.

「이런, 아까 나도 라디오에서 들었다네. 큰 사고였다더군. 미안하네. 사정도 모르고 말일세. 다친 데 없나?」

그러자 그 직원은 씩 웃고는 사장을 바라보며 활기차게 말했다고 한다.

「사장님, 저는 괜찮습니다. 다만 이 사고 소식을 사장님께 꼭 전해드리려고 멀찍이서 잘 지켜봤지요.」

이에 사장은 순간적으로는 혈압이 올랐지만, 그 넉살에 결국 웃지 않을 수 없었다.

웃는 얼굴에 침 못 뱉는다고 아무리 밀고 당기는 상황에서도 웃음을 잃지 않는 사람은 강한 임팩트를 남기고 친근한 느낌을 준다. 쉽게 말해, 지각을 하고도 얼마든지 할 말이 있다.

그보다 더 어려운 순간에도 웃음으로 위기를 넘긴다. 이런 면에서 요즘은 '웃기는 사람'이 되는 것은 그다지 나쁠 일이 없을뿐더러, 오히려 성공의 길을 향한 좋은 준비 과정이 된다.

'웃기는 사람'의 가치

대체로 한국 사람들은 잘 웃지도 않고 웃길 줄도 모른다. 때로는 유머러스하거나 웃기고 싶어도 남들의 반응이 두려워 망설이는 사람도 많다. 농담 잘 하는 사람을 '가벼운 사람'으로 여기는 우리의 관습 때문에 심리적으로 부담을 느끼는 것이다.

그러나 아무리 엄격하고 근엄한 사람도 기분이 좋을 때 농담하고 잘 웃는다면 그 만큼 매력적으로 보이는 것도 없다. 실로 요즘은 웃기는 사람이 대접받고 사랑받는 시대다.

아니, 내 생각을 상대에게 대화로 이해시키고 공감시켜 화합시키는 능력이 없으면, 오히려 무능하고 고집스럽고 권위적인 사람으로 여겨지기 딱 좋은 시대다. 이때 공감과 화합에서 가장 중요한 힘을 발휘하는 것이 바로 웃음과 유머이며, 더불어 웃기는 사람의 가치도 크게 상승하고 있다.

예를 들어 '웃기는 일'을 직업으로 가진 개그맨들을 보자. 처음 등장할 때는 '웃기는 실력'만 두드러지지만, 시간이 흘러 다듬어지면 개그맨 이상의 능력을 발휘한다. 많은 유명 텔레비전 프로 진행자들이 개그맨 출신인 것도 그들의 유머러스함이 프로의 진행을 유연하게 끌어가는 힘이 되기 때문이다. 특히 돌발 행동이 나올지 모르는 토크 프로그램이나 게임 프로그램 등에서는 더더욱 그들의 재치가 빛을 발한다. 이제 더 나아가 개그, 웃기는 일은 개그맨들뿐만 아닌 만능 엔터테이너라면 누구나 갖춰야할 기본적인 소양으로까지 여겨지고 있다.

2차 대전 때의 일이다. 영국의 처칠 수상과 미국의 루즈벨트가 만났을 때의 일이다. 처칠이 호텔에 도착해 목욕을 한 뒤 수건만 두르고 있는데 갑자기 루즈벨트가 나타났다. 그때 놀라서 일어서 처칠의 허리에서 수건이 풀어져 흘러내리고 말았다.
깔끔하게 차려 입은 루즈벨트 앞에서 난데없이 벌거숭이가 된 처칠은 그야말로 우스꽝스러운 꼴이 되고 말았다. 그러나 처칠은 빙긋 웃으며 아무렇지도 않게 말했다.
"아, 오셨군요. 보시다시피 영국 수상은 미국의 대통령께 아무것도 숨길 것이 없습니다."

아마 보통 사람이었으면 얼굴이 딱딱하게 굳었을 순간, 처칠은 자신의 모든 권위를 벗고 웃는 얼굴이 되었다. 그리고 이 이야기는 반 백 년이 지난 지금까지도 처칠을 기억하게 만드는 담대함과 재치의 상징으로 남아있다.
만일 누군가에게 "저 양반 너무 웃긴 거 아냐? 푸하하!"라는 말을 들었다면 자신감을 가져도 좋다! 그 자체가 아주 훌륭한 훈장인 셈이니까. 사람들은 웃음을 주는 사람에게 호감을 느낀다. 누군가를 웃기는 순간 당신 주변에 사람들이 몰려들 것이고, 부드러운 분위기가 조성될 것이고, 바로 그로 인해 성공적인 인생에 첫 발을 디디게 되는 것과 다름없다.

2

웃음이란 무엇인가?

웃음이란 자연스럽게 일어나는 것이다. 살짝 미소 짓는 얼굴도 있고 하하 큰 소리로 웃는 웃음도 있다. 혼자서 웃는 어색한 웃음도 있고, 다 같이 얼굴을 마주보며 박장대소하는 웃음도 있다. 웃음 연구자들에 의하면 가장 좋은 웃음은 남의 체면 볼 것 없는 마음껏 웃는 것이라고 한다. 또한 더 중요한 것은 여럿이 함께 공감을 느끼며 웃는 것이라고 말하는 이들도 있다. 그렇다면 이렇게 웃고 나면 우리에게는 어떤 일이 일어날까? 웃음은 도대체 어떤 힘을 가지고 있는 것일까?

웃음은 전염된다

웃음 강의 때마다 꼭 하는 일이 하나 있다. 한자리에 모인 사람들에게 이렇게 말해보는 것이다.

"자, 지금부터 동시에 웃자고 약속을 합니다. 설사 웃음이 안 나오더라도 한번 크게 웃어보십시오, 지금부터 시작합니다."

그런데 아무리 억지웃음이라도 동시에 웃기 시작하면 그때부터 놀라운 일이 벌어진다. 억지웃음을 짓는 사람의 표정이 우스워서라도 진짜 웃음이 터지기 시작하는 것이다. 그러다가 그것이 우스워 또다시 웃게 되고, 결국 장내는 웃음으로 가득 찬다. 이렇듯 웃음에는 신기한 전염성이 있다.

혹시 텔레비전의 코미디극에서 흘러나오는 기계 소리 같은 웃음소리를 기억하는가? 그것은 시청자들의 웃음이 아닌 방송에서 만들어낸 그럴싸하게 꾸민 웃음이다.

그러나 시청하는 사람들은 그것을 시시하다고 생각하면서도 웃음소리가 들리면 일단 시선을 텔레비전으로 돌리게 된다. 방송국이 그 언뜻 들으면 듣기 싫은 억지웃음을 고집하는 것도 이런 이유에서다.

즉 웃음은 인간의 호기심을 자극할 뿐만 아니라 사람과 사람의 커뮤니케이션을 묶어주는 감정적 공감대다. 그래서 한 사람이 웃으면 저 사람이 왜 웃나 바라보다가 자신도 모르게 그 표정을 따라하게 된다.

웃음은 에너지다

1911년에 발간된 엘른트 발트의 「인간 음성의 생리 · 병리 · 위생학 입문」에는 웃고 나면 우리 몸에서 어떤 일이 벌어지는지를 이렇게 설명하고 있다.

웃을 때는 입이 벌어지고 콧구멍도 커지며 짧고 빠른 호흡을 하게 된다. 이런 경우에는 신체적으로 짧은 경련 수축이 일어나며 복근(復筋)과 함께 복강내압을 높이는 역할을 한다. 이 현상은 통상적으로 음성의 해방과 동시에 일어나기 때문에 밝은 목소리가 나온다.

위에서 설명하듯이 웃는 행위는 단순히 입만 벙긋한다고 되는 것이 아니다. 몸 전체의 근육들과 특히 배 근육에 수축이 일어나고 온몸에 웃음소리가 가득 차게 된다.

그 때문에 기분이 좋아지고 자유로운 기분이 들면서 얼굴 표정과 목소리도 밝아진다. 너무 웃으면 숨이 가빠지고 배가 아파지는데 그것은 '폐 속에 있는 공기가 짧고 빠른 호흡 때문에 밀려나와 횡격막이 경련을 일으켜 복강내압이 높아지기 때문'이라고 한다.

조금 웃고 그친 경우라면 아무것도 아니지만, 지나치게 길게 웃고나면 온몸의 힘이 쭉 빠지면서 기분 좋은 피로가 몰려드는 것도, 이처럼 몸이 웃음에 맞춰 운동을 하고 에너지를 소비하기 때문이다.

실제로 인간이 웃기 위해 소모하는 에너지는 기초 대사량(누워서 아무것도 생각하지 않고 전신의 힘을 빼고 단지 생명 유지를 위한 심장 운동과 호흡만 하는 에너지량)의 약 2.0~5.0배라고 한다. 자전거로 산책로를 달리거나 TV에서 체조를 따라하면서 소비되는 에너지가 기초 대사량 에너지의 3.0배 전후라는 사실에서 볼 때, 2.5~5배의 비율을 결코 적지 않은 것이다. 즉 잘 웃기만 해도 어느 정도 운동을 하게 되는 셈이다.

그러나 웃음의 진짜 힘은 조금 다른 데 있다. 육체적 에너지는 물론, 정신적 에너지도 가득 차오른다는 점이다. 크게 웃을 때 우리 마음에서는 불필요한 걱정이 날아가고 긍정적인 에너지가 생겨난다. 여럿이 웃으면 더욱 이 에너지가 전염되고 증폭된다.

세상 모든 것에는 에너지가 있다. 인간의 감정도 마찬가지다. 피곤하다고 생각하면 더 피곤해지고, 기운을 내면 실제로 몸에서 기운이 난다. 그리고 웃음은 이 모든 감정 중에서 가장 폭발적인 에너지를 가져오는 신비로운 감정이다.

웃음의 4대 기능

누구나 웃고 누구에게나 이득이 되는 이 웃음이라는 에너지. 그렇다면 웃음은 사람들에게 어떤 이익을 주고 있을까?

또 웃음의 가치는 무엇일까?

웃음은 작고 큰 여러 가지 기능을 가지지만 쉽게 4가지로 정리해 보면 다음과 같다.

* 친화 작용

우리는 웃음을 통해 한결 좋은 관계를 유지할 수 있다. 처음 만났을 때 반갑게 건네는 웃음은 경계심과 긴장을 누그러뜨리는 좋은 에피타이저가 된다. 심지어 싸움이 벌어져도 한편에서 웃어 버리면 싸움이 성립될 수 없다. 웃음이 협조와 친화를 의미한다는 것을 기본적으로 아는 만큼, 웃음은 싸움의 포기를 의미하므로 그런 상대에게는 더 이상 싸움을 걸 수 없게 되는 것이다.

인간관계가 순조로우면 자연히 웃음이 나오고 대화도 부드러워지지만, 그 반대인 경우야말로 의식적으로 웃음을 활용해야 하는 순간이다. '웃음은 삶의 윤활유'라는 말이 있다. 생활을 하다 보면 내키지 않는 사람들과도 대화를 나누거나 관계를 계속 유지해야 되는 경우가 있다. 그럴 때 웃음은 크기와 모양이 각기 다르고 잘 맞기도 하고 안 맞기도 하는 톱니바퀴를 굴리는 친화력을 갖게 된다.

* 유인 작용

웃음소리가 들리면 가까이 가고 싶듯이, 웃음이 있는 곳에는 자연스레 사람이 몰려든다. '도대체 뭐가 저렇게 재밌는 것일까?' 하고 슬그머니 그 안으로 끼어들고 싶어지는 것이다. 최근 들어 많은 기업들에서 신입사원 연수 과정에서 웃음의 중요성을 강조한다고 한다. 회사의 업무 관계에서 웃음 띤 얼굴이 얼마나 중요한가를 역설한다는 것이다. 이때 재미있는 일이 없는데 어떻게 웃느냐고 말하는 사람도 있을 수 있다. 그러나 웃음거리는 반드시 찾아야 나오는 것이 아니며, 마음이 안 좋다고 해서 미소 한 자락 날릴 만한 여유도 없는 것은 아니다.

실제로 어떤 회사를 가보면 인맥, 학연, 지연도 없이 뛰어난 능력도 없어 보이는데 어려운 취업 경쟁 문을 뚫고 취업한 이들이 있다. 놀랍게도 그들은 하나같이 활발한 붙임성과 해맑은 미소를 가지고 있다. 그 웃음을 보고 있노라면 왜 저들이 이 회사에 취직할 수 있는지를 금방 알게 된다. 그들은 그 웃음으로 면접 위원들을 '유인' 한 셈이다.

* 정화 작용

인간의 웃음이 생리적으로 어떤 힘을 발휘하고 그 메커니즘은 어떻게 이루어지는지는 아직 정확히 규명된 바가 없다고 한다. 그만큼 웃음은 복잡하면서도 감정적인 부분과 연결되어 있다. 다만 웃으면 신체적으로 자극을 받아 내장이 움직이고 혈액 순환이 좋아져 건강에 좋다는 것은 잘 알려진 사실이다. 우리도 지금까지 웃으며 기분이 편안해지고 좋아진다는 것을 경험으로 실감하지 않았는가.

그런가 하면 웃음은 개인뿐만 아니라 사회의 정화 작용도 담당한다. 예를 들어 풍자를 보자. 아주 오래전부터 인간 사회는 동서양을 막론하고 사회의 독소를 꼬집고 비트는 풍자의 전통이 있었다. 이 같은 풍자는 부패한 권력과 살기 힘든 사회 등의 모순을 지상으로 끌어내려 웃음거리로 만듦으로써 불편한 감정을 해소하는 역할을 한다. 즉 풍자를 통해 대중의 웃음을 불러일으키고, 또한 이를 통해 반성의 노력이 촉구되면서, 웃음이 하나의 사회의 정화 작용에 기여하게 된다.

* 해방 작용

웃음은 커다란 장벽과 권위를 무너뜨리는 하나의 해방 작용도 한다. 어떤 대학에서 있었던 일이다. 수업을 듣는 학생들은 그 과목의 교수를 너무 무서워했다. 늘 웃지도 않고 말도 별로 없는 선생이었고, 늘 꼼꼼하게 학생들의 과제를 체크했다. 학생들은 그 교수만 보면 얼어버려 말을 꺼내기조차 어려워했다.

그러던 어느 날 수업을 진행하던 교수가 교단에서 그만 방귀를 뀌고 말았다. 처음에는 웃어야 할지 말아야 할지 모르던 학생들에게 교수가 처음으로 싱긋 하고 웃어주는 것이 아닌가.

그 순간 강의를 듣던 모든 학생들에게서 와르르 웃음이 터져 나왔다. 이후로 많은 것들이 달라졌다. 이후 학생들은 교수에 대한 두려움에서 풀려나 한결 가깝게 그를 대할 수 있었고, 그것은 교수도 마찬가지였다. 엄격한 교수라고 생각하던 그 생각이 변한 건 아니지만, 웃음이 불필요한 벽을 없애버린 것이다.

이처럼 웃음은 우리 사회에서 알게 모르게 중요한 역할을 담당한다. 즉 우리가 무의식적으로 웃는 웃음이 중요한 결과를 가져온다는 것이다. 예로부터 많이 웃는 것은 무조건 좋다는 말이 큰 호응을 얻은 것도, 이처럼 웃음은 백해무익할 뿐 아니라 도움이 된다는 검증된 믿음으로부터 나왔을 것이다.

3

웃음은 어디서 나오는가?

누군가 이렇게 말했다. "매일 매일의 일상을 잘 견디는 사람이야말로 진정한 영웅이다."

아마 요즘만큼 그 말이 마음에 와 닿는 적도 없을 것이다. 이 나라에 사는 대부분의 사람들은 바쁘고 고된 생활을 이겨내며 하루하루를 살아간다. 이른 아침 출근길, 눈코 뜰 새 없이 바쁜 업무, 꽉 막히는 퇴근길, 쌓이는 고지서, 인상되는 물가, 요즘 들어 '살기 힘들다'는 말들도 많이 나온다. 그러나 중요한 것은, 같은 상황에서도 누구는 울고 살고, 누구는 웃고 산다는 점이다. 그렇다면 고된 삶 속에서도 늘 웃는 이들의 그 웃음은 대체 어디에서 나오는 것일까?

만병통치약, 웃음

웃음에 대하여 40년 이상 연구를 하고 있는 스탠포드 대학의 윌리엄 프라이 박사는 20초 동안의 웃음은 10분간의 노 젓기와 같은 효과가 있다는 연구 결과를 발표한 바 있다. 웃음은 분위기를 밝게 하는 것은 물론이거니와 우리 몸의 면역 능력을 향상하고 스트레스를 감소시키며 근육을 이완시키고 혈압을 낮추는 효과를 가진다는 것이다.

사실 이는 당장 우리 주변을 둘러봐도 금방 알 수 있다. 최근 들어 만성피로가 건강의 적신호로 떠오르고 있지만 병원에 달려가면 별다른 약도 없다. 고작해야 비타민제나 피로회복제를 복용하라는 처방이 전부다.

하지만 그렇게 약을 먹어도 피로는 쉽게 사라지지 않는다. 운동 부족, 나쁜 공기, 불규칙한 식사 등 여러 원인이 있겠지만, 여러 의학 연구들이 증명하고 있듯이 현대인의 가장 큰 적 '정신적인 스트레스' 때문인 경우가 많다. 이럴 때 약보다는 오히려 웃음이 훌륭한 효과를 가져 올 때도 있다. 실제로 웃음이 심신의 피로를 풀어주고 건강에도 크게 이바지한다는 것은 이미 의학적으로 증명되었다. 또 우리 선조들도 웃음은 "만병통치약"이라며 그 진가를 예찬해 왔다. 최근 들어 웃음으로 병을 치료하거나 어려움에 빠져 있는 사람들을 도와주는 봉사활동 등이 늘어나고 있는 것도 그 한 예다.

노인 복지관의 복지 프로그램, 우울증 치료 프로그램 등을 보면 심심치 않게 웃음과 관련된 강의나 프로그램이 등장한다. 또한 그 효과가 널리 알려지면서 그 제도도 점차 확대되어가고 있는 추세다. 사실 이는 선진국에서는 이미 크게 각광받고 있는 방법으로 청소년 선도 프로그램, 아동 프로그램 등에도 웃음 강의가 다양하게 개설되어 있다.

대개 사회에서 소외당한 이들은 얼굴 표정에 생기가 없다. 그러나 그들도 이런 웃음 치료를 받고 나면 금방 달라지는 것을 눈으로 확인할 수 있다. 강의가 끝날 때쯤 되면 다들 얼굴에 함박웃음이 피어나서 어린아이처럼 신나는 얼굴로 돌아가는 광경을 보고 있노라면 웃음이 가진 힘을 피부로 실감하게 된다. 도대체 웃음의 어떤 힘이 그런 놀라운 광경을 만들어내는 것일까?

　오늘부터 피로하다고 느껴지면 틈날 때마다 한번 크게 웃어보자. 사람은 한번씩 크게 웃을 때마다 몸에서 일정한 호르몬이 생성된다고 한다. 이때 생성되는 호르몬의 종류는 무려 21가지인데 우리가 잘 아는 '즐거운 호르몬' 엔돌핀도 여기에 해당된다. 그런가 하면 그 중에는 엔케팔린이라는 호르몬도 있는데, 이는 가장 강력한 진통제라고 불리는 모르핀보다 300배나 강한 통증 완화 효과가 있다고 한다. 이것을 돈으로 바꿔서 계산하면 약 200만 원가량이나 된다고 하니 웃음이 정신적으로 육체적으로, 더 나아가서는 물질적으로까지 도움이 되는 셈이다.

　하지만 우리가 매번 이런 웃음 강의를 들으러 갈 수는 없는 노릇이다. 대개 웃음 강의에서는 잘 웃는 방법과 웃음을 찾는 방법을 가르쳐줄 뿐, 그것을 실행해야 하는 것은 온전히 그 자신의 몫이다. 그렇다면 그 웃음을 어디에서 찾아야 할까? 웃음의 달인들은 과연 웃음의 원천을 어디에 두고 있는 것일까?

웃음은 생활에서 나온다

어떤 동네로 갓 이사 온 한 남자가 야채 가게에서 수박을 사서 나오는 길이었다. 그런데 이상하게도 지나치는 사람마다 남자를 보고 웃었다. 아가씨는 호호호 웃으며 지나가고, 아줌마도 웃고, 아저씨도 껄껄 웃는 것이었다. 어린 중고등학생들은 깔깔 웃으며 지나간다.

남자는 자기를 보고 웃는 사람들을 보고서는 처음에는 당황해서 얼굴을 매만져 보았다. 별 문제는 없는 것 같았다. 그러다가 나중에는 자기도 모르게 슬그머니 웃음이 나왔다. 그래서 사람들이 웃으면 자기도 웃으면서 머리를 긁적이고 말았다.

"이상한 일이네, 도대체 왜 웃는 거지?"
남자는 집에 돌아오자마자 아내에게 말했다.
"여보, 여보, 들어봐. 이 동네는 정말 잘 웃는 사람들만 있는 것 같아. 만나는 사람마다 날 보고 웃더라구. 그렇게 잘 웃으니 인심도 좋겠지?"
그러자 처음에 아내는 어이없다는 듯 남편을 바라보더니, 잠시 후 역시 까르르 웃으며 말했다.
"이봐요, 당신. 바지 앞자락에 붙은 '씨 없는 수박' 스티커나 떼세요!"
가만 보니 바지 지퍼 앞에 떡 하니 '씨 없는 수박' 이라고 적힌 스티커가 붙어 있었던 것이다.

사실 이것은 별 대단한 꺼리는 아니다. 그저 수박을 사다가 벌어진 작은 실수에서 생겨난 해프닝이다. 그러나 그날 온종일 남자와 그 아내는 이 생각만 하면 웃기고 즐거워서 견딜 수가 없었다. 한 달이 지나서도 아내는 남자를 놀릴 때면 이 이야기를 꺼냈고, 그럴 때마다 두 사람은 신나게 웃었다. 엔돌핀 100방을 맞은 효과였다.

이처럼 소소한 웃음과 즐거움의 효과는 기업들이 먼저 안다. 어떤 기업들은 아침에 출근하고 나서 하루에 한 가지씩 유머를 준비해 발표하도록 하면서 하루 일과를 시작한다. 그러면 그 유머는 하루 내내 직원들의 무거운 머리를 식혀주고 이야깃거리를 제공한다. 그런가 하면 웃음 강사로 일하고 있는 한국 편 경영 연구소 이상현 씨의 이야기도 비슷한 교훈을 이야기하고 있다. 이상현 씨는 그림을 전공했지만 시력이 급격하게 나빠지면서 그림을 그릴 수 없게 되었다. 더 그림을 그리다가는 시력을 잃게 될지도 모른다는 의사의 경고 때문이었다. 이후 이상현 씨는 점점 우울해지기 시작했다. 그러나 그는 다른 길을 택했다. 주변의 도움을 받으면서 웃음을 찾게 되자 자신이 그 웃음 전도사가 되기로 마음먹은 것이다. 이후 이상현 씨는 복지관이나 기업 등에서 웃음 강연을 하고 있으며, 이제는 제법 팬도 늘었다. 다녀오는 강의마다 그 강의를 듣는 이들에게 많은 환호를 받는다. 그는 웃음의 효과를 이렇게 이야기한다.

"웃음에도 파장이라는 게 있지요. 일본에서 두 개의 물 컵을 놓고, 하나는 좋은 이야기를, 하나는 나쁜 이야기를 했더니 물 분자 모양이 서로 달라졌다는 실험 결과가 나왔습니다. 더군다나 사람의 몸은 70% 이상이 수분으로 이뤄져 있기 때문에 좋은 소리와 좋은 음악을 들려주면 부드럽고 즐거운 파장이 전달돼 같이 즐거울 수 있습니다."

만일 이상현 씨가 자신의 상황을 인정하고 그 안에서 방법을 찾지 못했더라면 그는 결코 웃음 전도사라는 직업을 가질 수도, 웃음의 달인이 되지도 못했을 것이다.

어느 부잣집이 있었다. 그 부잣집에서는 1년 365일 한 번도 웃음이 밖으로 나오는 일이 없었다. 그러나 그 집 사랑채인 머슴방에서는 매일 밤 웃음이 새어 나왔다.

「저렇게 굶주리며 보잘것없는 것들이 뭐가 좋아 웃을까?」

궁금한 부자 내외가 창문으로 들여다보니 머슴 내외가 어린 자녀의 재롱에 정신을 잃고 웃고 있는 게 아닌가.

다음날 부자는 머슴을 불러 아이를 데려 오라고 했다. 그런데 그 아이는 아무리 먹을 것을 주고 좋은 옷을 입히고 돈을 쥐어 주어도 웃지 않았다. 부자 내외는 아이를 웃겨보려고 방바닥을 기어 다니는 등 애를 썼으나 허사였다. 마침내는 이불을 둘러쓰고 춤도 추어 보았다. 그러나 아이는 겁이 나서 오히려 울고 말았다. 탈진한 부자는 결국 그 아버지인 머슴을 불렀다. 그때였다. 아이는 아빠를 보자 방긋 웃으며 그 품에 덥석 안겼다. 이것을 본 부자는 그때서야 깨닫게 되었다. 모든 행복은 제자리가 있으며, 많은 것을 가졌다고 행복한 것만은 아니라는 것을 말이다.

무언가 새로운 깨달음을 얻은 부자는, 지금부터는 자에게 주어진 것 속에서 행복을 찾고 웃음을 찾겠다고 결심했다. 그래서 부인에게 아이를 하나 더 낳아달라고 했지만 부인은 들은 척도 하지 않았다.

결국 부자는 곰곰이 생각하다가 어느 날 머슴의 방 앞에서 흠흠 헛기침을 했다. 머슴이 나오자 부자는 체면을 버리고 말했다.

"허허, 자꾸 고 녀석 생각이 나서. 나 원 참."

"아이구, 여부가 있겠습니까. 누추하지만 들어오시지요."

그날부터 부자는 저녁이 되면 머슴의 방을 방문해 아이와 함께 즐거운 시간을 보냈다. 그러다 보니 점점 성격도 부드러워져 좋은 일도 많이 하게 되었다.

갓난아이는 어른처럼 욕심이 없다. 더 큰 집을 마련하려고 스트레스를 받거나, 더 좋은 차를 갖겠다고 악다구니를 쓰지 않는다. 상사와 다투는 일도 없고, 자기 이기심으로 문제를 일으켜 서로 괴롭히는 일도 없다. 갓난아기는 오직 자기 안에서 행복을 찾고, 그저 불편한 것만 없으면 방긋하고 만족을 표시한다. 그리고 이것을 본 부모들은 더 없이 기뻐한다. 아기의 웃음을 보려고 그 앞에만 서면 모든 체면을 다 집어던지고 열심히 애를 쓴다. 그러면서 어른도 아기도 서서히 웃음이 얼마나 좋은 것인지, 얼마나 행복한 것인지를 알고 배우게 된다.

이처럼 웃음은 대단히 거창한 것이 아니라 작은 것에서 시작되며, 놀랍게도 전염된다. 웃음 바이러스라는 말이 쓰이는 것도 그 때문이다. 웃는 사람의 얼굴을 보면 자신도 모르게 웃게 되는 것과 비슷한 원리다.

4

웃음은 좋은 관계의 텃밭이다

세상고하를 막론하고 이 세상에 태어나 단 한번도 웃지 않는 사람은 없다. 심지어 총알이 빗발치는 전쟁터에서도 잠깐 잠깐 웃음꽃이 피어난다. 아무리 고통스러운 일이 있어도 웃음을 주는 장면이나 말을 들으면 자신도 모르게 웃게 된다. 즉 이 세상에 웃음을 모르는 사람은 아무도 없으며, 심지어 우리의 얼굴 근육 중 일부는 '웃음 근육' 이라고 불리기도 한다.

그렇다면 이 같은 웃음은 과연 인간관계에 어떤 영향을 미칠까?

웃음은 인간 고유의 감정 표현

우리는 매일 자신도 의식하지 못하는 사이에 웃게 된다. 지난 일이 떠올라 웃기도 하고, 상대와 함께 웃는가 하면, 싱겁게 혼자 히쭉거릴 때도 있다. 그렇다면 이 웃음들은 과연 어디에서 오는 것일까?

인간에게 웃음은 매일 밥을 먹고 잠을 자는 것만큼 극히 생활적인 요소이며, 동시에 인간만이 가진 특이한 현상이다. 인간의 표정은 다른 동물과 달리 웃음과 분노, 슬픔 등을 거의 확실하게 보여주며, 이 때문에 공통의 감정이자 비언어적 요소로서 소통의 일부를 담당한다. 예를 들어 같은 주제를 두고 이야기하거나 영화를 보면서 함께 웃고 눈을 마주치다 보면, 서로의 마음을 읽고 기쁨이 두 배가 되는 것도 그 때문이다.

최근 들어 커뮤니케이션의 부족이 심각한 사회 현상으로 떠오르고 있다. 말 한 마디 잘못 해서 큰 싸움이 나고, 서로 오해가 깊어져 극단적인 상황에까지 다다른다. 그러나 겉으로 보기에는 아주 큰 문제에서 시작된 것 같은 부모 자식 간의 대화 단절, 교사와 학생 간의 불신, 동료들 간의 다툼, 모르는 사람 간의 오해 등도 근본적으로 살펴보면 공감과 화합의 능력 부족에서 빚어진 일이다. 즉 서로 눈을 마주보고 서로의 마음을 읽어낼 기회가 없었다는 뜻이다.

나는 모두에게 큰 상처를 입힌 사건들을 전해들을 때마다, 저들이 단 10분이라도 같은 주제를 가지고 웃을 기회를 가졌다면 저런 일은 없었을 텐데 안타까워하곤 한다. 설사 그것이 텔레비전의 코미디 프로에 불과하더라도, 보고 함께 웃는 일은 그 자체로 상상 이상의 효과를 낸다. 아침에 싸웠다가 저녁 쯤 어쩌다 웃고 나자 서로에게 미안해져서는, 서먹하지만 화해를 시도해본 경험이 누구나 있지 않은가?

 어느 날 만원 버스에서 벌어진 일이다. 한 신사가 옆에 서 있는 또 다른 남자의 발을 밟았다. 신사는 사과를 했고 남자도 괜찮다고 말했다. 그런데 문제가 또

벌어졌다. 차가 워낙 가득 차 있는 데다 서서 졸고 있던 신사가 또 그 남자의 발을 밟은 것이다. 이번에도 남자는 참았다. 그러나 그렇게 발을 밟는 게 세 번째가 되자 남자는 화를 버럭 냈다.

「이보세요. 아까도 그러더니 또 그러네요. 대체 눈은 어디다 두는 겁니까?」

신사는 졸고 있었던 자기 잘못이라 다시 사과를 했다. 그런데도 화가 풀리지 않은 남자는 더 큰소리로 말했다.

「이 신발 좀 보시오! 완전히 엉망이 되지 않았습니까?」

이 위기를 어떻게 모면할까 생각하던 신사는 다시 한번 사과를 한 다음 이렇게 말했다.

「어이쿠, 제가 조는 사이 제 발이 실수를 한 모양입니다. 지금 당신에게 눈이 없어서 미안하다고 전해달라는군요. 다음부터는 조심하겠습니다.」

그러자 광경을 지켜보던 승객들도, 발을 밟힌 사람도 결국은 웃지 않을 수 없었다.

물론 발을 계속 밟히는 건 기분 나쁜 일이다. 게다가 발을 밟은 사람으로서는 할 말도 없다.

그러나 목소리를 더 높여 싸웠으면 자칫하면 출근길에 큰 짜증을 불러 일으켰을 텐데 능글능글한 사과 한 마디가 분위기를 바꿔놓았다. 게다가 주변 사람들까지 이 광경을 즐겁게 보았으니 일석이조다.

이런 일은 비단 만원 버스 안에서만 벌어지지 않는다. 우리들의 생활은 계속되는 인간관계 위에서 유지된다. 즉 외따로 무인도에서 혼자 살지 않는 한 가족, 직장 이웃 등 수많은 관계들 속에서 생활해야 한다. 따라서 이

중에 하나만 삐걱대도, 그것이 나머지 생활에까지 영향을 미친다. 예를 들어 친구나 동료 형제들끼리도 사소한, 혹은 의외의 일로 인해 금이 가고 원활하지 못하게 되었을 때를 생각해보자. 그런 경우 대부분은 잘잘못을 떠나 기분이 급격히 우울해진다. 생각하기에 따라 내가 먼저 사과하고 손을 내밀면 풀어질 일인데 자존심을 내세우게 된다. 인간이란 의외로 너그럽지 못한 존재이기 때문이다. 그런가 하면 이른 아침 지하철에서의 싸움도 온종일 기분을 다운시킨다.

이럴 때 웃음은 원만한 관계를 이끌어주고 여유를 찾아주는 힘이 된다. 자존심을 다치지 않으면서도 부드럽게 화해를 유도할 수 있는 가장 좋은 방법이다.

웃음에는 큰 말이 필요 없다. 입 꼬리를 올려 서로 마주보는 것만으로도 충분하다. "미안합니다"라고 입으로는 말하면서 적개심이 담긴 눈초리로 보내는 것보다, 말없는 웃음 한 자락이 훨씬 더 훌륭하다. 웃음이 인간 만사를 모두 해결해 주는 것은 아니지만, 실제로 웃음은 상당한 정도로 기분을 전환시켜주고, 너그럽고 여유로운 기분을 만들어준다.

웃음으로 하는 화해 3단계

그러나 웃음도 곧바로 나오는 것은 아니다. 사람은 감정의 동물이기 때문에 억지로 웃을 수는 없다. 너무 화가 나서 스스로도 주체가 안 되고, 시간이 지나서도 앙금이 남을 때가 있다. 그럴 때는 다음을 보자. 이 Laughing Note는 웃음의 달인답게 먼저 그 자신을 웃게 만듦으로써 남과 화해할 수 있는 3단계 실천법으로, 간단하지만 그 효과가 크다. 또한 내가 일상적으로 자주 사용하는 방법이기도 하다.

웃음을 통한 화해의 3단계

1단계 : 내 마음 내가 풀어주기

다툼은 둘 사이에 벌어지는 일이므로 나 역시 화가 나게 된다. 자신도 주체할 수 없을 정도로 화가 났다면 아무리 애를 써도 화해 자체가 불가능해진다. 따라서 내 마음을 풀어주는 일부터 시작해야 한다. 타인의 위로 이상으로 자기가 자기를 웃도록 만드는 일은 훌륭한 결과를 가져온다. 자기를 웃게 만드는 방법은 다음과 같다.

* 문제가 생긴 상대를 이해하기(5분)

: 상대가 왜 그런 말을 했을까 상대의 입장에 서보려고 노력한다. 이렇게 상대를 이해하면 오히려 내 마음이 풀어져 나에게 득이 된다.

* 상대와 좋았던 기억 떠올리기(5분)

: 미움을 가라앉히고 그 사람과 좋았던 기억을 떠올리다 보면 오늘 있었던 일이 우습게 느껴져 슬그머니 미소가 나오게 된다.

* 내가 가장 좋아하는 기억이나 행동을 실행하기(10분)

: 좋아하는 책 구절을 읽고, 사진첩을 들여다보는 등 기분이 좋아지는 일들을 한다.

* 마음껏 소리 내어 웃기(5분)

: 웃음을 유발하는 것은 무엇이든 하자. 소리내기가 어렵다면 옥상에라도 올라가서 웃는다. 처음에는 웃음이 나오지 않겠지만 입 꼬리를 올리고 심호흡하듯 크게 웃으면 점차 크게 웃는 일이 자연스러워진다.

2단계 : 웃음으로 화해하는 소스 찾기

상대와 함께 웃을 수 있는 계기가 있을지 생각해보고 가장 적합한 방식을 고르는 단계다. 상대에 따라 웃음을 적절하게 전달할 수 있는 방법이 다르므로 상황에 맞는 방식을 고르도록 한다.

* 가족 : 함께 즐거운 텔레비전 프로 보기, 다시 만나자마자 활짝 웃기
* 동료 : 활짝 웃으며 말없이 등 두드려주거나 음료수 갖다 주기
* 친구 : 익살스러운 문자메시지 보내기

3단계 : 웃음으로 화해한 경험을 기억해두기

좋은 경험이 쌓이면 그것이 습관이 되고 인격이 된다. 웃음과 여유로 문제를 해결해간 경험을 꼼꼼히 기록해 비슷한 상황에서 다시 활용해보자.

자신을 다독일 줄 아는 사람은 웃음과 여유를 잃지 않을 수 있고, 그 후부터는 단언컨대 못 풀어갈 인간관계가 없게 된다. 웃음을 잃지 않는 사람은 자신을 잘 컨트롤하는 사람이다. 우리는 이런 사람들을 흔히 '통 큰 사람'이라고 말한다.

　예전에는 사람을 만나 너무 많이 웃으면 실없다는 소리를 듣곤 했다. 그러나 이제는 다르다.

　요즘의 인간관계는 자신부터 웃는 사람들이 강자로 남는 세계이며, 그런 사람은 어디 가도 좋은 대접을 받는다. 사회생활의 근본인 인간관계에서도 웃음은 행운을 끌어들이는 힘이 있기 때문이다.

　흔히 행운은 신이 내린다고 한다. 그렇다면 웃음이 행운을 끌어 들여 복을 내리는 셈이니, 결국 인간도 스스로 행운을 창조할 수 있는 존재인 셈이다.

웃음은 최고의 성공 비결이다

혼다 기업의 총수였던 혼다 소이치로는 "웃는 얼굴이야말로 세계 공통의 여권"이라고 말한 바 있다. 기업 홍보와 거래 계약 등으로 전 세계를 돌아다니며 그가 얻은 교훈은 웃음이야말로 가장 확실한 명함이라는 점이었다. 항상 환한 얼굴로 악수를 건네는 혼다 소이치로의 마력은 그렇게 웃음에서 시작되었다.

사실 혼다 소이치로의 삶은 실패의 연속이었다. 시멘트 공장을 차렸다가 두 번이나 파산했고, 가솔린 깡통을 모아 재기를 꿈꿨지만 지진이 일어나 모든 게 무너져 내렸다. 이후 모터를 단 고물 자전거 한 대로 혼다를 이룰 때까지 그는 모든 것을 잃어도 단 한 가지는 잃지 않았다. 바로 누구를 만나도 환하게 웃는 웃음이었다.

글로벌 시대, 다문화 시대라 불리는 요즘, 하나의 성공 비결이 된 웃음에 대해 알아보도록 하자.

웃음은 긍정의 힘이다

일을 하다 보니 문제가 생겼다. 그래서 그 원인을 찾다가 결국 실수한 사람을 발견했다. 그래서 그 사람에게 따끔하게 지적을 했는데, 오히려 상대가 변명을 하거나 화를 내기는커녕 "하하하, 알겠습니다. 그렇게 하시지요."라고 환하게 웃으면 어떻겠는가?

그 말을 듣고 나면 맥이 탁 풀리며 마음이 놓이고 '알아서 잘 할 것을 괜히 걱정했군.' 하는 생각이 들며 기분도 좋아질 것이다. 이처럼 웃음은 인간관계에서 가장 긍정적인 표현이며 상대까지 웃게 만들어 불필요한 경계심을 사라지게 한다. 실제로 웃는 얼굴에 침 못 뱉는다는 말이 있다.

어느 부부가 있었다. 두 사람은 남편의 적은 월급 때문에 가끔 불평을 했다. 어느 날, 참다 못 해 화가 난 남편이 부인에게 화를 냈다.
「그렇게 내가 부족해 보이면 차라리 이혼을 하는 게 낫지 않겠어? 이젠 나도 지긋지긋하다구!」
「뭐라고요? 이혼하자는 말이에요?」
「그렇소!」

사실 이런 이야기는 살다 보면 어느 가정이나 한두 번쯤 나온다. 싸움이 번지다 보면 감정적이 되고, 자칫 이런 싸움이 커져 실제로 이혼하는 경우도 있다. 그러나 잠시 동안 생각한 부인은 이런 말을 하는 것이 내키지 않았다. 그러나 자존심이 상해 매달리기도 싫었다. 그래서 입가에 싱긋 미소를 띠고 흘긋 남편을 노려보며 이렇게 말했다.

「좋아요, 그럼 위자료는 얼마 줄 건데요? 저번 달 가계부도 적자라서 위자료를 많이 못 줄 형편인 것 같은데요.」

결국 남편은 아내의 능청에 웃고 넘어갈 수밖에 없었다. 이처럼 다툼이란 늘상 벌어지는 일이다. 그러나 서로를 부정하고 미워하다 보면 될 일도 안 되고, 풀릴 일도 막히기 일쑤다. '흔히 먼저 웃는 사람이 이기는 사람'이라는 말이 있다. 웃음으로는 정말 안 될 일이 없다. 아무리 나를 미워하는 상대라도 그를 향해 웃을 수 있다면 그는 실로 웃음이 가진 긍정과 화해의 힘을 몸소 체득한 '웃음의 달인'일 것이다. 특히 가족이나 친구처럼 가까운 상대와 싸울 때, 웃음은 상대의 부정적 견해를 뒤바꾸는 놀라운 힘을 발휘한다.

웃음은 세대 차이를 극복한다

웃음은 인간만이 가진 최고의 커뮤니케이션 수단이다. 개인의 변화는 집단의 변화로 이어지고 이것이 다시 개인에게 적용된다. 기업에게도 웃음은 새로운 가치 창출이며 화합이고 양보며 배려이고 자신감이며 또한 도전이다. 이것은 기업의 성장과 매우 직접적인 관련을 가진다. 직원이 먼저 변화하고 조직이 변화하고, 더 나아가 직장 내 문화 전체가 변화하는 것이다.

 어떤 회사에 복사기 옆에 문서 절단기가 설치되어 있었다. 오래된 문서, 비밀 문서 등 보안이 필요하거나 기한이 지난 문서는 절단기에 넣어야 했다. 그러나 이 절단기나 복사기가 보편화된 지 얼마 되지 않아 나이 든 이들은 사용법을 잘 몰라 애를 먹기도 했다.

하루는 직원들의 미움을 받는 한 상사가 안절부절 못하고 있었다. 절단기를 작동하려는데 방법을 모르는 것 같았다.

그의 부하 직원 중 하나가 보다 못해 다가가 물었다. 비록 미움을 받고 있는 상사였지만 도와줘야 한다는 생각이 든 것이다.

"무슨 문제가 있습니까? 도와드릴까요?"

"그러게 말일세. 도무지 기계를 잘 몰라서."

부하 직원은 쉽게 스위치를 켜고 상사가 준 문서를 절단기 속으로 밀어 넣었다. 문서가 다 말려 들어가자 상사는 싱긋 웃으며 말했다.

"역시 젊은 사람들이 좋아. 이제 한 부만 더 복사해주게."

그러나 문서는 이미 잘게 조각난 뒤였다. 부하 직원이 놀라서 자초지종을 설명했고 상사는 당황했지만 자기 잘못이기도 하고 어리둥절하기도 해서 그만 허허 웃고 말았다.

며칠 뒤 이 이야기는 같은 부서 사람들에게 퍼져나갔다. 평소 권위적이고 딱딱하게 굴던 상사를 볼 때마다 웃음이 터져 나와 참을 수 없었다.

상사는 무안하기도 하고 재밌기도 해서 그저 모른 척 넘어갔다. 그렇게 며칠이 지나자 놀랍게도 그 상사와 직원들은 한결 가까운 기분을 느낄 수 있었다.

최근 들어 조직에서 '세대 차이'와 권위적 위계가 사내 분위기를 무겁게 만드는 주요한 원인으로 지목되고 있고, 신·구세대 사이의 큰 차이가 큰 문제를 발생시키거나 때때로 직접적인 업무보다도 더 큰 스트레스가 된다. 가치관이 다르니 말이 통하지 않고, 회식도 불편한 자리가 되기 일쑤다. 그러다 보니 상하 간에 신뢰와 믿음은커녕 미움만 쌓인다. 세대 간의 장벽이 조직의 성장을 막고 있는 것이다.

실제로 기업의 많은 간부들이 '세대 차이 극복의 노하우'에 목말라 하지만 그 대답은 별 게 없다. 함께 많이 웃을 수 있는 기회를 만들라는 것이다. 웃음은 마음의 장벽을 무너뜨리는 가장 효과적인 묘약이다. 조직사회의 리더십에서 유머 감각이 우선순위를 차지하는 것도 그런 이유에서다.

거지도 왕자도, 어른도 아이도, 학자도 학생도, 웃음 앞에서는 꼼짝 할 수 없다. 즉 웃음은 계층과 나이, 국적과 출신을 초월하는 놀라운 조화의 묘약이다. 실제로 유머 감각을 가진 리더는 엄청난 나이 차와 관계없이 부하직원들과 친해지고 능수능란하게 커뮤니케이션을 구축한다.

어떻게 보면 조직은 무서운 곳이기도 하다. 특히 세대 간의 차이가 뚜렷한 곳에서는 상하 간에 비난이 난무한다. 윗사람은 아랫사람을 버릇없고 무책임하다고 탓하고, 아랫사람은 윗사람을 권위적이고 융통성이 없다고 말한다. 그러나 근본적으로 생각해보면 이는 서로가 서로의 기회를 박탈

하는 것과 다름없다. 아무리 다르게 살아온 이들도 찾아보면 얼마든지 공통적으로 공감할 수 있는 부분이 있으며, 그 중의 하나가 바로 웃음이다. 처음에는 유머를 던지는 게 어렵더라도 차츰 시간이 흐르면 반응하는 사람이 늘고, 그 같은 반응 속에서 공감대가 형성된다. 그리고 조직의 공감대가 곧바로 조직의 활력으로 연결된다는 것은 의심할 바 없는 사실이다.

웃음이 조직을 경영한다

기업 조직의 가장 큰 화두는 뭐니 뭐니 해도 생산성이다. 그러나 엄밀히 말해 기업 조직도 결국은 사람과 사람의 관계다. 그 관계가 원활히 굴러갈 때 생산성도 극대화되는 것에 당연한 순차다. 이때 웃음은 기업의 생산성은 물론 창조성과 도전성 등 여러 면에서 영향을 미친다. 즉 무한경쟁을 이겨내는 최고의 도구일 수 있는 것이다.

사우스웨스트사는 유머 경영의 성과를 톡톡히 본 곳이다. 사스 등의 여파로 세계 항공사들이 줄줄이 무너질 때 오직 사우스웨스트사 만큼은 매년 8% 이상의 성장을 지속했다.

그렇다면 사우스웨스트사의 성장 비결은 어디에 있을까? 바로 직원들은 물론 고객까지 웃게 만드는 것이다. 예를 들어 "흡연하실 분은 비행기 문을 열고 나가세요"라는 문구는 사우스웨스트사를 보기 드문 유머러스 기업 이미지로 바꾸어 놓았다.

그런가 하면 비슷한 의미에서 집단 웃음 치료를 받고 난 후 놀라운 생산성 증가를 직접적으로 경험하는 조직들도 늘고 있다. 한때 웃음 치료는 환자들만 받는 것처럼 여겨졌지만 최근에는 기업 생산성과 복지 차원에서도 다양하게 행사된다.

특히 기업에서 행해지는 웃음 치료는 단지 직원들을 웃게만 만드는 것이 아니라 행복이 무엇인지를 깨닫고, 그 안에서 새로운 삶을 찾아가도록 은연중에 가르친다. 또한 이것이 개인의 삶에 영향을 미치고, 그것이 또다시 기업의 발전으로 연결된다.

예를 들어 업무 지시를 할 때도 웃으면서 시작하는 상사, 질타보다는 칭찬을 먼저 하는 조직 분위기 등, 웃음이 자신의 가치를 제대로 일깨우는 행복한 요소가 되는 것이다. 다음은 웃음이 조직 쇄신에 주는 효과다.

- **삶의 질 향상** : 개인의 참 행복에 대한 가치를 인식함으로써 조직에 기여하게 된다.
- **개인 이미지 쇄신** : 자신을 표현하고 능동적인 제안을 하는 데 익숙해진다.
- **조직 간 화합** : 웃음으로 개인과 개인이 연결되듯이, 웃음은 또다시 조직과 조직을 가깝게 한다.
- **상하 관계 유연화** : 웃음은 세대 차이와 문화적 장벽을 극복하는 최고의 도구이다.

- **동료 간 우애** : 조직 내의 웃음 문화는 가장 세밀한 조직인 동료 간의 화합과 우애를 조장한다.
- **기업 문화 변혁** : 능동적이고 유연한 기업 문화는 생산성과 향상과 판매실적에 직간접적인 영향을 가진다.
- **업무 관계 조율** : 웃음은 모든 관계(동료관계, 상하관계, 연구, 섭외 비즈니스 등)를 성장시켜주는 원동력이 된다.

이런 의미에서 웃음을 주는 기업, 세스코는 보기 드물게 유머로 성공한 사례다. 세스코는 잘 알려져 있다시피 바퀴벌레 박멸 회사다. 평범하기 이를 데 없는 이 작은 회사가 대중들 사이에서 이른바 뜨기 시작한 것은 이 회사의 인터넷 사이트 고객 상담실 덕이었다.

포복절도할 만한 질문과 답변들이 마구 쏟아져 나오기 시작하면서 버즈 현상이 일어나기 시작한 것이다. 대개의 기업들은 고객을 깍듯이 모신다. 한 치의 빈틈없는 정중하고 사무적인 말투로 사실 관계를 나열하는 것이 대부분의 고객 상담실의 원칙이다.

물론 기업의 생명은 신뢰라는 점에서 이 같은 확실함과 정중함은 나쁜 것은 아니다. 그러나 그 정중함이 지나친 탓인지 기업들의 고객 상담실은 언뜻 생명 없는 로봇들이 반복하는 자동응답기 느낌을 준다.

그러나 세스코는 달랐다. 어느 날부터인가 엉뚱한 질문들에 성의 있게, 그러나 유머러스하게 대처함으로써 고객들을 뒤로 넘어가도록 만들었다.

이 같은 세스코의 고객 상담실은 입소문으로 번져 많은 고객들이 세스코를 찾아 이런 저런 질문을 던졌고, 그것이 세스코를 '인격화' 시켜 이른바 유명한 회사로 만들어냈다.

유머가 한 회사를 친근감 있는 주변 인물처럼 만들어버린 사례다. 덕분에 세스코의 매출이 올라간 것은 당연한 이야기다.

유머를 경영하는 기업, 세스코

세스코 하면 입가에 미소를 머금는 사람이 많다. 엉뚱한 질문에 재치 있는 답변으로 유명세를 탄 게시판 탓이나. 본래 선순표(/ㄴ) 세스코 회장의 목표는 칭찬하고, 웃고, 서로 존경하는 기업문화를 심는 것이었다.

이를 위해 각 지점장들에게 절대 부하 직원들에게 반말을 하거나 함부로 대하지 못하도록 지침을 내렸다. TV에 광고를 하게 된 것도 직원들에게 자부심을 심어주기 위한 방안 중 하나였다.

그러나 2000년 7월 문을 연 세스코 홈페이지는 초기에는 다른 회사와 마찬가지로 별다른 관심을 끌지 못했다.

회사에서도 별다른 기대를 하지 않았다. 그런데 홈페이지를 개설한 지 1년 뒤인 2001년 여름 전 회장조차 깜짝 놀라게 만드는 일이 벌어졌다.

홈페이지 접속자 수가 어느 날 갑자기 늘기 시작하더니 급기야는 하루 방문자 수가 10만 명을 돌파하면서 서버가 다운되는 일까지 일어난 것이다.

원인을 추적해 보니 게시판의 답변에 감동한 네티즌들이 답글을 여기저기 퍼 나르면서 입소문이 나 접속자 수가 급증한 것이었다. 그렇게 시작된 홈페이지 Q&A 코너의 인기가 인터넷 포털 사이트를 장식하고 스포츠 신문의 유머란에 소개될 정도로 뜨거운 반응이 나타났다. 지금은 당시와 비교해 접속자 수가 줄었지만 여전히 많은 네티즌이 세스코 홈페이지를 찾고 있다.

"아무도 그런 인기를 예상하지는 못했죠. 네티즌들의 장난 섞인 글을 직원들이 그냥 지나쳤다면 인기를 끌 수 있었겠어요? 웃고, 칭찬하는 기업 문화가 자리 잡다 보니 직원들 스스로 회사에 대한 애착을 갖고 정성껏 답글을 단 거죠. 회사 문화가 경직돼 있다면 감히 그런 답글을 쓰지 못했을 겁니다."

영국의 낭만파 시인 바이런의 "자고 났더니 유명해졌다"라는 말이 그대로 들어맞은 경우가 아닐까. 이 일로 세스코는 돈으로 따질 수 없는 엄청난 홍보 효과를 누렸다. 그런데 세스코라는 회사명 속에 이미 약간은 유머스러움이 담겨 있다. 세스코는 1976년 출발한 '전우방제'가 그 출발이다. 전우방제는 '전 우주를 방제한다' 라는 뜻이다. 요즘 유행하는 게임 스타크래프트를 보면 테란의 전술 중 '우주방어 테란' 이란 말이 쓰인다. 세스코는 이미 70년대에 '우주방어(?)' 에 나선 셈이다. 현재의 회사명인 CESCO는 'Chunwoo Enviornment Service Co. Ltd' 의 약자로 전우방제라는 이름이 숨어 있다.

유명세를 탄 게시판 베스트

Q : 나는 안드로메다에서 온 우주인인데요, 우리 집에 가려면 몇 번 버스 타야 되죠? 도와줘요!

A : 그냥 오실 때 타고 오신 버스를 타고 가시면 됩니다. 길 건너서 타시는 거 잊지 마시고요.

Q : 아무래도 제 아내가 수상합니다. 과거 그녀는 바퀴벌레를 보기만 해도 눈물까지 흘렸습니다. 지금은 밥 먹으면서 바퀴벌레가 출현해도 아무런 놀람도 없이 그냥 "어! 바퀴벌레네"라고 합니다. 아무래도 바퀴벌레하고 친해진 것 같습니다. 아니면 혹시 바퀴벌레가 마누라로 변해 있는 건 아닐까 하는 생각이 듭니다. 마누라가 바퀴벌레인지, 아닌지 구별할 수 있는 방법이 있는지요?

A :쉽게 구별할 수 있는 외형상 및 습성에 대해 몇 가지 알려드리겠습니다. 먼저 바퀴벌레는 자기 서식처는 물론 자주 머무르는 공간에 '변'을 배출합니다. 혹시 화장실 이외의 공간에서도 변을 배출하는지 관찰하시기 바랍니다.

또한 바퀴벌레는 먹은 음식물을 다시 토해내고, 토한 물질이나 변을 다시 먹는 습성이 있습니다. 식사를 하면서 자주 토하지는 않습니까?

또한 바퀴벌레는 야행성입니다. 낮에는 커튼을 모두 치고 어두운 상태로 있다가 밤에만 외출을 하는지 보시기 바랍니다.

또한 바퀴벌레는 군집성이어서 여럿이 모여 삽니다. 몰래 숨어 바퀴벌레랑 더듬이와 손을 마주하고 대화를 하는지 체크하시기 바랍니다. 또한 바퀴벌레는 1초에 28㎝를 달릴 수 있습니다. 사람으로 치면 시속 150㎞로 달리는 것과 맞먹습니다. 뒤에서 놀라게 한 후 속도감지 카메라로 시속을 체크해 보시기 바랍니다.

바퀴벌레는 자신이 눌리는 좁은 공간을 선호합니다. 낮 시간에 어둡고 좁은 공간(다용도실, 싱크대 안, 장롱, 침대 매트리스 하단 등)에 머물러 있는지를 관찰해 보시기 바랍니다.

참고로 황색 고리가 있으면 미국 바퀴, 두 줄의 황색 줄이 있으면 독일 바퀴, 요철(?)이 있으면 일본 바퀴, 매끈하면 먹 바퀴벌레입니다.

Q : 우뚝 솟은 더듬이, 아기자기한 팔과 다리, 튼튼하고 윤기 나는 몸, 살짝 살짝 보이는 날개 빛 바퀴벌레 ‥*. 어쩌면 좋죠 ? 사랑에 빠졌어요….

A : 우리나라 바퀴 중 미국 바퀴의 수명은 보통 2년입니다. 우리네 삶에서 크게 보면 잠시 지나가는 정도인 2년…. 2년이 지나고 난 후에는 어떻게 할 건가요?

출처 - 이코노미스트 [846호]

6

처음부터 웃긴 사람은 없다

사람들은 왜 웃음의 달인이 되고 싶어 하는 것일까? 사실 그 이유는 그리 거창하지 않다. 사람들과 좋은 관계를 유지할 수 있고, 인기도 얻고, 비즈니스도 술술 풀어갈 수 있기 때문이다. 거기다가 다른 사람들에게 기쁨까지 줄 수 있으니 일석이조다.

그렇다면 웃음의 달인은 타고나는 것일까? 만들어지는 것일까?

개그맨은 타고나는가?

이른바 '개그맨' 들이라고 불리는 사람들에게 우리는 쉽게 호감을 갖는다. 이들은 아주 잘생기거나 예쁜 외모는 아니지만 개성이 있으며, 다른 연예인들에 비해 안티라고 불리는 사람들도 상대적으로 적다.

또한 이미지 추락에 대한 겁이 없고 순발력이 좋아 각종 연예인 장기 대회에 나가면 항상 우승을 거머쥔다. 개그맨이 끼어 있는 팀은 항상 단합도 잘 된다.

이는 우리 주변 사람들에게도 마찬가지로 해당된다. 가만히 보면 남을 잘 웃기는 친구나 동료들은 대부분 머리 회전이 빠르고 상대방의 기분을 파악하는 데 능숙하다. 즉 이들의 감각은 보통 사람들 이상이다. 그런 이들을 보고 있으면, '야, 어떻게 저렇게 할 수 있지?' 하는 궁금한 생각이 들게 마련이다.

그렇다면 이것이 과연 타고나기만 하는 것일까?

이런 이들을 한 사람씩 인터뷰해보면 한 가지 중요한 사실을 알 수 있다. 분명 선천적인 부분도 존재하지만, 유머 감각 대부분은 수십, 수백 번의 연습 속에서 나온다는 사실을 말이다.

우리는 "저 사람은 정말 웃겨"라고 말하면서 '웃긴 사람'은 타고난다고 은연중에 생각한다. 그러나 만일 그 '타고난 개그맨'들의 연습 장면을 직접 보게 되면 아마 깜짝 놀라게 될 것이다. 그들이 하나의 유머를 완성시키기 위해 얼마나 많은 시간과 노력을 투자하는지 금방 알게 될 것이기 때문이다.

한 예로 미국 사회는 대통령이나 사회적 지위를 가진 리더에게 유독 유머 감각을 기대하는 경향이 있다. 그래서 언젠가 미국에 건너간 일본의 한 장관이 만찬 후의 연설에서 30분간 전혀 청중을 웃기지 않고 원고를 읽어버렸을 때 한 미국인 기자는 신문에 이런 사설을 썼다.

"정말이지 그 연설은 소화불량을 일으키기에 딱 좋았다. 이것은 일종의 범죄 행위다."

이 같은 국민의 기대에 부응하듯이 미국의 역대 대통령 중에는 유머 감각이 뛰어난 사람들이 많다.

실제로 아이젠하워 대통령과 함께 출마했던 듀이 대통령 후보의 경우 오랫동안 변호사로 활동해왔고, 그 때문인지 너무 머리가 굳어 출마를 목표로 두고 무려 10년 동안이나 유머를 공부한 다음 대통령 후보로 나섰다고 한다.

내가 만들어낸 공포

말을 잘 못하거나 더듬는 사람들은 대부분 대인관계에서 불편함을 느낀다. 새로운 사람을 만나는 것도 어려울뿐더러 자신의 생각을 명확히 전달하는 것에 불안감을 가지기도 한다.

혹시 상대가 내 말을 오해하면 어쩌나, 내가 하는 말이 재미없으면 어쩌나, 촌철살인 한마디를 해줘야 하는데, 하는 걱정이 항상 도사리고 있는 것이다.

그러나 이는 자기가 만들어낸 엄격한 규율이자 실체가 없는 공포에 불과하다. 사람은 말을 하고 누군가와 대화하는 이상, 실수하지 않을 수 없다. 다만 말 실수나 어색한 유머도 웃음의 달인이 되기 위한 한 과정이며, 실제로 많은 웃음의 달인들이 이 과정을 거쳐 간다. 따라서 실수를 두려워하는 마음, 자기 안에 있는 공포에서 벗어날 때만이 유머와 웃음을 내 것으로 만들 수 있다.

실제로 텔레비전 프로에 등장하는 개그맨들이 항상 웃긴 것은 아니다. 대부분 재밌는 부분만 편집되어 나가므로 약점이 잘 드러나지 않지만, 생방송이나 다른 방송들을 보면 그들이 늘 유머러스한 것이 아님을 알 수 있다. 뭐라고 한마디 했는데 너무 썰렁해서 웃기는 데 실패하는 경우도 있다. 그럼에도 변하지 않는 것이 하나 있다. 그들은 여전히 개그맨이라는 사실이다.

이들은 웃기는 일이 직업이다. 따라서 웃기는 일에도 열정적으로 도전하고 부딪치고, 때로는 실패한다.

무대에 서는 개그맨들이 그 개그 한 편을 위해 일주일 내내 연습한다는 것은 잘 알려진 사실이다. 그리고 관중이 웃지 않을 때 상당한 좌절감을 맛보기도 한다. 그렇다고 그들은 자기 직업을 버리지는 않는다.

좌절, 그 자체에서 다시 시작하고 연습한다. 그것은 일반적인 웃음의 달인도 마찬가지다.

자기 안의 공포, 더 나아가 대외적인 공포를 잊을 때만이 내 안에 숨겨진 웃음의 에너지가 자유로이 발산된다.

어려울 것은 없다. 누구나 실수하고, 누구나 좌절하고, 또한 누구나 발전해나간다는 단순한 진리를 믿는 것, 그것이 웃음의 달인이 되는 출발점이다.

웃음, 올바로 배우기

아주 오래전 유머집이 유행한 적이 있었다. 유머들을 줄줄 적어놓은 사례집들이었다. 이 사례집들은 짬짬이 즐거운 기분을 맛보고자 하는 사람들에게도 많이 읽혔지만, 이를 통해 유머를 배워 사용하려는 사람들도 적지 않았다.

그러나 이처럼 단편적인 유머들을 외워서 사용하는 것은 웃음의 달인이 되는 데에는 큰 도움이 되지 않는다. 요즘 사람들은 유머집들에 나오듯이 바나나 껍질에 미끄러지거나 케이크 크림을 얼굴에 바른다고 해서 웃지 않기 때문이며, 어디까지나 유머는 그 사람의 향기가 묻어있는 창조적인 것이어야 하기 때문이다.

말은 영원불변의 것도 원칙이 정해진 것도 아니다. 말은 시대와 함께 변하며 새로운 단어들이 속속 탄생하고 사용법도 다양하다. 그런데도 우리는 자기가 배운 말에만 구속되기 때문에 시대에 뒤떨어진 유머를 해서 주변을 썰렁하게 만든다. 이런 의미에서 유머란, 고여 있는 물이 아니라 끊임없이 재창조되는 것이라고 볼 수 있다. 정형적인 공식이 아닌 적재적소에 어울리는 유머를 이끌어내려면 무엇보다도 일상 속에서 꺼리를 찾고 그것을 훈련해 유머로 끌어올리는 기술이 필요하다.

웃음의 달인이 되기 위한 기본적 소양

▶ 재빠른 직감

- 이야기에서 순간적으로 재미있는 부분을 알아차리는 **직관**

- 상대가 어떤 점을 재밌어 하는지를 파악하는 **시선**

- 평범한 상황을 재밌는 이야기로 뒤바꾸는 **재치**

▶ 기발한 상상력

- 다소 엉뚱한 비유와 비교를 끌어내는 **사고력**

- 남들은 아니라고 생각하는 것을 그렇다고 말할 수 있는 **용기**

- 상식을 뒤집고 거꾸로 생각해 재미를 끌어내는 **역발상**

▶ 공감하는 능력

- 함께 즐길 만한 주제를 발굴할 수 있는 **파악력**

- 상대를 비하하지 않는 **애정**

- 서두르지 않고 잘 듣고 잘 말하는 **여유**

제2장

상대방을 사로잡는 웃음의 달인

아름다운 옷보다 웃는 얼굴이 훨씬 인상적이다.
찡그린 얼굴을 펴기만 해도 마음까지도 함께 펴진다.
웃음은 가장 좋은 화장이다.
웃음은 인생의 약이다.

경청과 공감으로
상대의 마음을 열어라

웃음과 유머는 사람을 사로잡는 강력한 매력이다. 아무리 딱딱한 분위기
도 순식간에 부드럽게 풀어버리는 그 능력은 심지어 적들까지도 지지자
로 만들어 버린다. 그렇다면 매력적인 웃음을 몰고 다니는 매력 있는 사
람이 될 수 있는 방법은 무엇일까?

그 기본은 보통 대화의 기술과 크게 다르지 않다. 즉 잘 듣고 거기에 고개
를 끄덕이며 공감하는 것에서 시작된다. 지금부터 잘 웃고 웃기는 데 필
요한 경청과 공감의 소양들을 살펴보기로 하자.

대화는 핑퐁이다

막힘없이 잘 주고받는 대화는 유머를 능숙하게 구사할 수 있는 좋은 바
탕이 된다. 유머란 억지로 끌어내는 것이 아닌 자연스러운 공감의 흐름 속
에서 나오기 때문이다. 유머는 흔히 말 잘하는 것과 연결되기도 하는데 아

주 틀린 말은 아니다. 말 잘 하는 사람은 대부분 분위기를 잘 주도하면서 유쾌한 유머를 구사하기 때문이다. 그런 의미에서 말 잘하는 것도 유머의 조건이겠으나, 그보다는 어떤 대화가 좋은 대화인지를 생각해보는 게 좀 더 중요한 본질이라고 할 수 있다.

그렇다면 좋은 대화, 좋은 유머란 어떤 것일까?

대화는 흔히 탁구에 비견된다. 탁구 테이블 위에서 탁구공을 재빠르게 주고받듯이 대화는 순간적으로 서로 간에 오고가며 진행된다. 그러다가 이 주고받는 균형이 흐트러져 어느 한쪽으로 기울게 되면 그 대화는 어떻게 진행은 되겠지만 공감대를 잃고 만다.

유머에 서툴고 더 나아가 화술에 서툰 사람들 중에는 의외로 남의 말을 귀담아 듣는 법을 익히지 못한 사람들이 많다. 반대로 말을 잘한다고 하는 사람들을 살펴보면, 의외로 훌륭한 경청자들이 많다. 그들은 실상 말을 많이 하지 않고 한두 마디를 던질 뿐인데도 흔히 "저 사람은 참 말을 잘해", "정곡을 잘 찔러 얘기한단 말이야", "참 넉살이 좋아"라는 칭찬을 듣는다. 그들은 어느 테이블을 가도 대접 받는 이른바 '잘 듣는 사람들'이다.

그런 이들은 상대의 말을 잘 듣고 그 안에서 유머의 핵심을 찾아내는 데 능숙하다. 억지로 웃기려고 애쓸 필요도 없이 남들의 말에서 중요한 포인트를 건져낸다. 자기가 말하는 것이 아무리 즐거워도 상대의 말을 유심히 듣다가, 결정적인 순간에 한마디를 던져 강한 임팩트를 주는 것이다. 그 강한 임팩트란 바로 시기적절한 한마디로, 이는 유머와도 큰 관련이 있다.

유머는 본질적으로 길게 늘어지면 그 재미를 잃는다. "그래서 이 사람이 어떻게 해서 이렇게 되었는데, 또 이 사람이 이렇게 해서 이렇게 됐어, 정말 재밌더라고"라고 말하는 순간 아무리 재밌는 이야기도 지루해진다.

다기 말해 '짧고 굵게'가 유머의 본질이듯이 좋은 유머는 대화의 흐름 속에서 강하게 핵심을 짚는 것이다. 그러려면 잘 듣고 잘 파악하는 일이 무엇보다 중요하다는 점을 알 수 있다.

그럼에도 사실 우리는 듣기보다는 말하기를 좋아한다. 특히 내가 잘 아는 대목들이 나오면 그것을 드러내고 싶은 유혹을 참기 힘들다.

흔히 타인의 말을 '잘라먹는' 사람들은 대개 자기과시의 욕구가 강한 편이다. 그리고 이런 자기과시의 욕구는 누구에게나 있는 만큼 스스로 주의하지 않으면 타인의 입을, 더 나아가 상대의 마음까지 닫히게 만든다. 따라서 좋은 유머를 구사하려면 우선 상대의 말을 깊이, 끝까지 듣는 습관부터 기를 필요가 있다.

공감을 막는 대화 습관

우리가 하루 종일 하는 말을 녹음기로 녹음해서 들어보면 어떨까? 모르긴 몰라도 대부분은 자기가 무의식적으로 한 말들에 대해 깜짝 놀라게 될 것이다. 지금부터, 혹시 내 말 중에 공감과 경청을 막는 대화 습관이 있는지 살펴보자. 만나다 보면 이런 사람들이 있다. 상대의 이야기를 들으며 열심히 고개를 끄덕이다가도 "그런데 말이지", "하지만 말이야" 식으로 꼭 토를 다는 사람들이다. 이들이 하는 말은 겉으로는 무난하게 포장되어 있으나 결국은 상대의 의견을 부정하는 말들이다. 또한 문제는 이 말들이 의식적이기보다는 무의식적으로 나오는 경우가 많다는 것이다. 부정형 말들이 하나의 언어 습관이 되어 자신도 모르게 튀어나오는 셈이다.

중요한 점은 이런 말이 상대와의 공감대를 끊어버린다는 것이다. 사람은 누구나 상대가 호응해주기를 바란다. 그래서 상대로부터 부정적인 말이 흘러나오면 무의식적으로 마음을 닫고 긴장 상태에 돌입한다. 그 뒤에 아무리 좋은 말을 해도, 일단 굳게 닫힌 마음은 쉽게 열리지 않는다.

따라서 대화를 할 때는 귀담아 듣는 것만큼이나, 내가 상대를 부정하는 말을 사용하고 있지는 않은지 점검해보려는 노력도 중요하다.

우리가 흔히 사용하는 비공감 언어 습관

"그건 아니지", "대체 무슨 소리야", "다 그렇지, 뭐" 등은 대화를 중단시키기에 딱 좋은 말들이다. 이 말고도 부정형 말들은 수없이 많다. 심지어 긍정하는 듯하면서도 교묘하게 부정하는 말들도 있다. "이해는 가, 그렇지만", "네 말도 맞아, 하지만" 등이 대표적이다.

문제는 이런 말들이 의식적이 아닌 무의식적으로 나온다는 데 있다. 따라서 대화 중간 중간 내 언어 습관들을 점검해보고, 그것이 어렵다면 믿을 만한 친구에게 부탁해보자.

다시 한 번 생각해보자. 우리가 타인의 유머에 웃음을 터뜨리는 것은 그의 말에 깊은 공감을 느끼기 때문이다. 따라서 1차적으로 공감이 차단된 상태에서는 유머가 존재할 수 없다.

즉 유머는 친밀함의 표시이며 공감의 표현이며, 좋은 유머는 대화를 훌륭하게 지속시키는 데서 나온다는 점을 기억하자.

공감 나타내기

공감도 마음속에만 간직하면 아무 소용이 없다. 그것이 밖으로 나와 상대방에게 전달되고, 상대방의 동의를 얻어야 한다. 다시 말해 공감에도 적절한 표현 기술이 필요하다.

여기에는 언어적 공감과 비언어적 공감 모두가 해당되는데, 비언어적 공감으로는 고개 끄덕임, 이해의 눈빛, 집중해서 듣는 태도 등이 있다.

그렇다면 공감을 직접적으로 나타내는 공감의 언어로는 어떤 것들이 있을까?

* 아, 그렇군요. 무슨 말씀이신지 이해가 되네요.
* 음... 그런 일이 있었군요.
* 네, 말씀하신 말이 분명히 맞습니다.
* 네, 잘 알고 있습니다.
* 그럼 말씀하신 게 ~입니까?

이처럼 공감의 말들은 상대를 먼저 인정하고 들어간다. 설사 상대와 생각이 다르다고 해도 이 같은 공감의 표현들은 상대의 마음을 열어 경계심을 사라지게 한다.

따라서 그 다음 이야기도 저항을 피해 수월하게 이어갈 수 있을뿐더러 대화의 흐름을 파악하기 용이해져서 유머 던지기도 쉬워진다.

A : 요즘 매일 아침 늦게 일어나서 걱정이야.
　　출근 시간에 간당간당하거든.
B : 그러고 보니 그렇네. 무슨 일 있는 거 아냐?
A : 글쎄, 요즘은 더 피곤해.
B : 음.. 무슨 말인지 알겠어. 여러모로 일이 바쁠 때니.
A : 퇴근하고 나서 뭔가 기운 차릴 일을 찾아봐야겠어.
　　운동도 하고 말이야.
B : 그래 보자. 우린 지각은 자주 하지만 퇴근 시간은 일등이니까, 하하.

위의 대화는 간단하지만 완전한 공감으로 이루어져 있다. 여기서 마지막 문장은 언뜻 마음이 맞지 않는 상대가 하면 달리 들릴 수도 있다. 그러나 여기서는 완전한 공감 뒤에 이루어진 농담이므로 상대도 아무 무리 없이 받아들인다. 하지만 앞서 부정형의 말을 자주 사용한 경우 마지막 문장은 비아냥거림으로 들릴 위험이 있다. 다음 사례를 보자.

A : 요즘 매일 아침 늦게 일어나서 걱정이야.
　　출근 시간에 간당간당하거든.
B : 좀 그렇네. 문제 있는 거 아냐?
A : 글쎄, 요즘은 더 피곤해서.
B : 다 그렇지 뭐. 하지만 지각은 될 수 있으면 하지 말아야지.

A : 퇴근하고 나서 뭔가 기운 차릴 일을 찾아봐야겠어.

　　운동도 하고 말이야.

B : 하긴 자네는 퇴근 시간은 일등이니까, 하하.

　이처럼 대화의 긍정과 부정은 대화의 맥락에 어마어마한 차이를 발생시킨다. 즉 같은 말을 써도 긍정형의 말을 쓸 때 분위기노 유해시고 유머의 여지도 생겨난다. 참고로 여기에는 몸짓과 눈빛, 표정 같은 것도 큰 역할을 하는 만큼, 자신의 제스처도 함께 점검해봐야 할 것이다.

2

주눅 들지 말고 당당하게 웃어라

잘 웃지 못하는 사람들은 대부분 사람들의 시선을 너무 신경 쓰는 경향이 있다. 내 말에 아무도 웃지 않으면 어쩌나, 내 웃음소리가 너무 큰 건 아닐까, 웃으면 바보처럼 보이지 않을까 등등 자기가 자신이 만들어낸 장벽에 가로막히고 만다.

그러나 웃음은 누구나 가지고 있는 감정이다. 겉으로는 아무리 근엄한 사람도 그 안을 들여다보면 제 몫의 웃음을 안고 있다. 또한 요즘 시대에 웃음은 경쟁력이자 능력이다. 세상에는 수많은 웃음이 있지만, 그 중에서도 가장 아름다운 웃음은 그저 보기만 해도 함께 웃음이 나는 당당한 웃음, 큰 웃음일 것이다.

웃음은 어디에나 있다

항상 웃는 사람을 보면 문득 이런 생각이 든다. "저 사람은 뭐가 저렇게 항상 즐거울까?" 그 때문에 사람들은 잘 웃는 사람들을 보면 호감을 가지고 그들에 대해서 좀 더 알게 되기를 바라게 된다. 그러나 가만히 보면 그런 이들은 그저 마음껏 웃고 웃기기를 즐길 뿐, 특별히 즐거운 꺼리가 있어서 웃는 것은 아니다. 즉 그런 이들은 어디서나 웃음을 찾는 것이 하나의 행동 방식이자 습관이 된 사람들이다.

반대로 어떤 이들은 웃기 싫어서라기보다는, 웃음거리를 못 찾아서, 웃는 것이 어색해서 웃지 못한다. 그런 이들은 사람들이 웃어야만 따라 웃고, 그렇지 못할 때는 웃는 것을 어색해 한다. 그러나 웃음은 그 자신이 만드는 것이며, 세상 어디에나 존재한다. 웃겠다고 마음만 먹으면 못 웃을 일이 없으니, 웃을 꺼리가 없다고 불평하거나, 남들은 안 웃는다고 주눅들 필요도 없는 것이다.

 어느 시골의 사랑방에서 있었던 일이다. 그 사랑방에는 저녁마다 동네 총각들이 모여 옛 이야기를 하며 재미있게 놀곤 했다. 그 중에 귀머거리 총각이 한 사람 있었다. 그 총각은 귀가 들리지 않아서 남들이 다 웃은 다음에야 비로소 따라 웃곤 했다. 그것을 좀 무안하게 생각한 그는 어느 날 친한 친구에게 이렇게 부탁했다.

「나는 자네들의 말을 들을 수가 없어 답답하기 그지없네. 그러니 다음부터는 재미있는 이야기가 나오거든 슬그머니 내 옆구리를 찔러주게. 그러면 나도 자네들과 같이 재미있게 웃을 수 있지 않겠나.」

다음날 저녁 사랑방에 총각들이 또 모이게 되었다. 한참 이야기꽃을 피우고 있던 중 귀머거리 총각 옆에 앉아 있던 친구가 그만 실수를 해서 귀머거리 총각의 옆구리를 쿡 찔렀다. 그러자 귀머거리 총각은 배를 잡고 웃기 시작했다. 그러자 모여 있던 총각들도 귀머거리 총각을 어이없이 바라보다가 결국 온통 웃음판이 되었다.

늦게 그들과 헤어져 집에 돌아가는 길에 귀머거리 총각이 친구에게 말했다.

「오늘은 자네 덕택에 참 잘 웃고 놀았네.」

그러자 친구는 이렇게 말했다.

「아닐세, 오히려 고맙네. 오늘은 자네 때문에 더 즐거웠다네.」

그런가 하면 생각지도 않은 곳에서 유머를 찾는 일도 있다. 바로 어린아이들의 유머다. 아이들의 유머는 누구를 웃기거나 스스로 웃기 위해서 하는 것이 아니다. 바로 순수한 그 자체로부터 나온다. 아이들의 유머는 어른들에게 세상을 바라보는 새로운 시선을 가르쳐주고, 일상의 귀중한 보석이 된다.

영호 : 에이, 젠장!

엄마 : 어머, 그런 나쁜 말을 누구한테 배운 거야?

영호 : 산타클로스한테.

엄마 : 산타클로스한테?

영호 : 응, 크리스마스이브 날 내 의자에 걸려 넘어지면서 그렇게 말했어.

선생님 : 철수야, 영호 답안지를 보면 안 돼.

철수 : 선생님도 제가 보는 걸 안 보시면 안 되나요?

앞의 상황은 아이를 가진 집에서는 흔히 있는 일이다. 처음에는 꾸짖으려던 엄마나 선생님도 이런 상황이 오면 그저 웃을 수밖에 없다. 이처럼 인간은 누구나 웃음을 고대한다. 인간인 이상 웃는 일을 즐기고 사랑한다. 그리고 어떤 상황에서나 웃음은 존재한다. 앞의 아이들의 유머도 관심 있게 지켜보지 않으면 쉽게 알아챌 수 없을지 모른다. 즉 그것을 볼 수 있는 눈은 어디까지 그 자신의 마음가짐에서 나온다는 것을 기억하자.

큰 웃음이 작은 웃음보다 좋다

웃음에도 무려 30가지가 넘는 종류가 있다는 사실을 아는가? 그 중에 몇 가지만 소개해본다.

미소 媚笑 - 교태스럽게 아양 떠는 웃음

간소 奸笑 - 간사하게 웃는 웃음

검소 劍笑 - 마음속에 칼을 품고 웃는 웃음

지소 指笑 - 손가락 잘하며 비웃는 웃음

일소 一笑 - 가볍게 업신여기거나 깔보는 웃음

담소 談笑 - 편하게 이야기하면서 웃는 웃음

언소 言笑 - 이야기하면서 웃는 웃음

자조 自嘲 - 자신을 비웃는 웃음

잠소 潛笑 - 가만히 웃는 웃음

절소 絶笑 - 몹시 자지러지게 웃는 웃음

화소 譁笑 - 큰 소리를 내어 시끄럽게 웃음

습소 濕笑 - 마지못해 웃는 웃음

파안대소 破顏大笑 - 얼굴표정을 한껏 지으며 크게 웃는 웃음

홍연대소 哄然大笑 - 큰 소리로 껄걸 웃음

가가대소 呵呵大笑 - 껄껄하고 크게 웃는 웃음

파안대소 破顏大笑 - 신나는 표정으로 한바탕 크게 웃는 웃음

만당홍소 滿堂哄笑 - 한자리에 모인 사람 모두가 크게 웃음

박장대소 拍掌大笑 - 손뼉을 치며 크게 하하하 웃는 얼굴

이처럼 웃음에는 여러 종류가 있고 상황에 따라 웃는 크기도, 그 마음가짐도 다 다르다. 즉 웃음에도 질이 있어서 어떤 웃음은 좋은 반면 또 어떤 웃음은 해를 미치기도 한다.

많은 웃음 전문가들은 웃음 중에서도 크게 입을 벌리고 웃는 웃음을 최고로 친다.

입을 가리고 웃거나 작게 웃는 것보다 크게 껄껄껄 웃는 것이 몸 안에 있는 나쁜 기운을 빼낸다는 것이다. 크게 내뱉듯이 웃음을 터트리는 방법은 의학적으로 밝혀졌듯이 건강에도 좋고, 기분 전환에도 그만이다.

최근 들어 웃음 치료가 각광받는 것도 그런 이유에서다. 바쁜 생활 속에서 무리한 운동량과 스트레칭, 그리고 복잡한 계산력을 요하는 프로그램 등은 금방 지치고 일상 속에서 자주 시행할 수 없다. 그러나 웃음은 다르다. 마음만 먹으면 얼마든지 웃을 수 있고, 자주 웃다 보면 건강도 좋아지고 인상도 변한다. 40대가 넘어 눈가와 입가에 웃는 주름이 있는 사람을 보면 한없이 푸근하고 넉넉해 보이는 것도 웃음이 그 사람의 인상 전체를 변화시켰기 때문이다. 눈가의 주름은 미묘하게 사람을 따뜻하게 보이도록 만든다.

사실 우리나라는 웃음에 그다지 관대하지 않다. 크게 웃는 것을 무례하다고 여기며 껄껄 웃는 호탕한 웃음은 일부 사람의 특권으로만 생각한다. 예를 들어 나이 지긋한 아저씨가 껄껄 웃으면 괜찮게 봐도 여자가 그렇게 웃으면 단정치 못하다고 말한다.

하지만 여자도 아이도, 가난한 젊은 청년도 얼마든지 호탕하게 웃을 수 있다. 손으로 가리고 웃는 수줍은 웃음도 좋지만, 눈치 볼 것 없이 웃는 웃음은 누구에게나 주어진 권리다. 주눅들지 말고 마음껏 웃어라. 어떻게 보면 우리는 행운이나 즐거움이 있어서 웃는 것이 아니라, 웃기 때문에 행운이나 즐거움을 만나는 것이다.

여기서 다시 한 번 기억해보자. 첫째, 웃는 일은 좋은 것이다. 둘째, 웃는 것에도 정도가 있다. 셋째, 가장 좋은 것은 크게 입을 벌리고 껄껄껄 웃는 것이다. 넷째, 주눅 들지 말고 당당하게 웃어라.

좋은 웃음 가이드

▶ 크게 웃어라

크게 웃는 웃음은 최고의 운동이다. 매일 1분 동안 웃으면 8일 더
오래 산다. 크게 웃을수록 더 큰 자신감이 생겨난다.

▶ 일어나자마자 웃어라

아침에 일어나자마자 웃는 웃음은 보약 중의 보약이다.
피곤한 아침을 웃음으로 시작하면 하루가 상쾌하다.

▶ 마음까지 웃어라

얼굴의 표정도 중요하지만 마음의 표정 또한 중요하다.
마음으로 잘 웃는 사람이, 웃는 얼굴도 더 환하다.

▶ 함께 웃어라

여럿이 웃는 것은 혼자 웃는 것보다 33배 이상 효과가 좋다.

▶ 힘들 때 더 웃어라

즐거울 때는 누구나 웃는다.
그러나 힘들 때 웃는 것이야말로 진정 가치 있는 웃음이다.

크게 웃게 만들면 사람이 모인다

웃음에는 사람을 끌어들이고 흐트러진 분위기를 집중시키는 강력한 힘이 있다. 영국의 작가인 목사 출신의 로버트 버튼은 자신의 웃음에 대해 이렇게 말한다.

"사람은 재미있는 이야기에 일단 함께 웃고 나면 그 관계가 더욱 돈독해진다."

즉 웃음은 사람과 사람 간의 친밀함을 높여 서로에게 집중하게 만든다. 어떤 모임이나 축하 행사에서 사회를 봐달라는 제안이 들어왔다고 하자. 대개는 그럴 때 어떻게 서먹한 분위기를 해소하고 사람들의 집중을 모을 수 있을까를 걱정한다. 일리가 있는 말이다. 사람이 많이 모인 곳은 쉽게 분위기가 산만해지고 서로의 눈치를 보며 서먹서먹해지기 일쑤다.

이러한 긴장된 장내의 분위기를 단숨에 부드럽게 하고 주의를 집중시키는 데 가장 효과적인 것이 바로 웃음이다. 실제로 유능한 사회자들은 구구절절 늘어놓는 대신 등장하자마자 폭탄 같은 웃음보따리를 풀어 놓는다. 일단 모든 좌중이 공감하며 웃음을 터뜨리고 나면 장내의 친밀도가 급속도로 높아지고, 따라서 그 다음부터는 일이 매우 수월해진다. 웃음의 공감과 전파 효과 덕에 조금만 자극해도 연속적으로 건강한 웃음이 터져 나와 행사가 끝날 때까지 밝은 분위기가 지속되기 때문이다.

메리 리스트 교회의 창설자 존 웨를랜의 이야기다.

어느 날 설교를 시작하려고 할 때 신도들의 분위기가 매우 산만해 도무지 연설을 이어갈 수 없었다. 잠시 고민하던 웨를랜은 흠흠 헛기침을 한 뒤 갑자기 큰 소리로 고함을 질렀다.

「불이야, 불!」

그 소리에 모두들 깜짝 놀라 전후좌우를 둘러보았다. 그러나 어디에도 불난 모습은 보이지 않았다. 결국 아무 일도 없음을 안 신도들이 물었다.

「도대체 어디서 불이 났단 말입니까, 목사님?」

그러자 웨를랜은 태연하게 청중들을 둘러보면서, 「지옥이오.」 하고 엄숙하게 답했다.

그리고 계속해서 이렇게 말했다.

「설교가 시작되기 전에 떠들어대는 사람들이 떨어지는 지옥 말이오.」

그 말에 사람들은 와르르 웃을 수밖에 없었고, 그 이후 웨를랜은 좋은 분위기 속에서 설교를 잘 마칠 수 있었다.

누구를 막론하고 수많은 사람들의 앞에서 섰을 때, 그 주목과 관심을 끌기란 쉽지 않다. 이럴 때 좌중을 크게 웃게 만드는 일은 최고의 효과를 발휘한다. 사람들은 웃음을 통해 앞에 있는 사람에게 집중하게 되고, 그 같은 분위기가 더 많은 이들의 주의를 끌어들이게 되는 것이다.

즉 사람을 모아 행사의 핵심을 전달하고, 그것을 모두에게 공감시키는 것이 사회자의 역할이라는 점에서 유머는 앞에 나서서 말하는 사람에게 가장 필요한 자질이라고 볼 수 있다.

3

따뜻한 마음을 유지하라

유머에도 차가운 유머, 따뜻한 유머가 있다. 그러나 아무리 핵심을 찌르는 차가운 유머도 근본적으로 따뜻한 마음에서 나오지 않으면 안 된다. 유머란 사람을 행복하게 만드는 것이어야지 고통스럽게 만드는 것이어서는 안 되기 때문이다. 탁월하고 멋진 유머리스트들의 상당수가 따뜻한 성격의 소유자였다는 것은 유머가 바른 인격과 훌륭한 품성에서 더 큰 빛을 발한다는 것을 잘 보여준다.

웃음은 휴머니티다

인간과 사물에 대한 애정은 인간 누구나에게 이득이 되는 감정으로, 자연스러운 공감을 얻는 최고의 주제다. 인간은 누구나 웃기를 바라고, 웃음이 있는 곳에서 행복을 느끼기 때문이다. 반대로 바라보면, 사람과 세상에 대한 애정 없이는 유머가 발휘될 수 없다고 봐도 무방하다. 좋은 웃음은 본질적으로 애정과 따뜻한 마음에서 비롯되고, 그 애정에서 비롯된 유머는 또다시 사람에게 따뜻하고 부드러운 감정을 심어준다.

 어떤 노부부가 있었다. 그 노부부는 줄줄이 자식이 여덟이나 있었고 그 아이들을 키워내느라 많은 고생을 했다. 특히 그 집 막내 아들은 집안을 항상 어질러 노부부는 항상 그 뒤치다꺼리를 하느라 정신이 없었다. 그럼에도 노부부는 묵묵히 그 일을 해냈고 다행히도 아이들 여덟은 하나도 삐뚤어짐 없이 잘 성장해 어른이 되었다. 사람들은 노부부네 가족을 몹시 부러워했다.

그러던 어느 날, 막내까지 어른이 되어 대학으로 떠나가고, 그 집에는 이제 노부부만 남게 되었다. 어느 날, 노부부의 정원을 지나가던 이웃이 말했다.

「아이구, 어르신들. 막내 아드님까지 이번에 대학교를 다니게 됐다는 소식을 들었습니다. 그 꼬마 아이도 다 컸으니 편히 쉬셔도 되겠네요.」

「그렇지 않아요. 우린 여전히 바쁘답니다.」

「네?」

「막내가 집안을 어지르지 않게 될 무렵이면 손자 녀석이 불쑥 태어나 다시 어지르기 시작하거든요. 하지만 그런 게 삶이지요.」

그 한마디에 이웃과 노부부는 눈을 마주치며 조용한 웃음을 주고받았다.

자식을 모두 키워 떠나보낸 부부는 또다시 손자들을 키워내고, 그 안에서 삶의 기쁨을 발견한다. 이 같은 감정은 자식을 키워본 사람이라면 누구나 공감할 수 있는 것이다. 그래서 그 말을 듣는 순간 지나가던 이웃도 고개를 끄덕이며 미소를 지었을 것이다.

가족에 대한 사랑과 그 안에서 성장해나가는 인간의 모습을 부드러운

한 마디로 잘 담아낸 노부부의 유머에는 따뜻함과 애정이 담겨 있다. 그리고 바로 이런 따뜻한 애정이야말로 유머가 가져야 할 기본적인 소양이다. 따뜻함은 사람을 진정으로 미소 짓게 만드는 힘이 있기 때문이다.

나쁜 유머, 좋은 유머

유머에도 좋은 유머와 나쁜 유머가 있다. 위의 사례처럼 모두에게 듣기 좋은 유머가 있는가 하면, 그 순간은 재밌어서 웃게 만들지만 곧 불쾌한 기분을 느끼게 만드는 유머도 있다.

그런 유머들은 유머가 기본적으로 가져야 할 따뜻함은커녕 냉소만 가득하다는 점에서 유머가 아닌 독설이라고 해야 맞을 것이다. 유쾌함을 가져야 할 유머가 남을 조롱하거나 비하하는 도구가 되어 불쾌한 웃음, 냉소 가득한 웃음만을 자아내는 것이다.

어느 감옥에서 있었던 일이다. 한 간수가 있었는데 그는 죄수들을 교묘하게 무시하기로 유명했다. 겉으로 보면 점잖고 재미있어 보이지만 툭 하면 죄수들의 자존심을 상하게 만들었다.

어느 날, 그가 미워하던 죄수가 형기가 만기되었다. 간수는 짐을 싸고 나가는 죄수에게 악수를 청했다. 그리고는 이렇게 말했다.

"오, 당신이 그리워질 것 같군요. 언젠가 이곳에서 다시 보게 되길 바랍니다."

이 말을 들은 죄수는 어떤 기분이었을까? 모르긴 몰라도 간수의 교묘한 비하적인 농담에 기분이 몹시 상했을 것이다.

이런 식의 유머는 듣는 사람에게나 하는 사람에게나 일말의 도움도 되지 않는다. 즉 유머에도 질이 있고, 좋은 유머는 누구에게나 좋은 기분을 안겨주는 순기능을 발휘하는 반면, 나쁜 유머는 역기능을 발휘한다.

이외에도 타인의 결점이나 외모를 비하는 우스갯소리나 실수를 들춰내는 농담 등도 나쁜 유머에 속한다. 물론 친밀한 사이에서라면 크게 문제가 되지 않겠지만, 그럼에도 누군가를 깎아내리는 유머는 그를 괴롭힘으로써 기쁨을 얻으려는 좋지 않은 심리가 바탕이 되어 있다. 그런 유머는 아무 가치도 없는 무의미한 유머다. 다음은 앞에서 이어지는 이야기다.

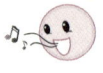 간수의 농담에 주변에 있던 간수 몇이 풋 하고 웃었지만, 죄수의 얼굴은 딱딱하게 굳고 말았다. 그때 다른 간수 하나가 웃으며 이렇게 말했다.
"졸업생이 다시 학교에 돌아오는 경우는 대통령이 됐을 때뿐이지. 부디 나가서 성공해서 오시게나."

앞의 간수는 죄수를 바보 취급하고, 악담을 했지만 이 간수는 그와는 다른 입장을 보였다. 자, 이 중에 어떤 유머가 더 많은 사람을 끌고 매력을 가지는지는 굳이 말하지 않아도 알 수 있을 것이다. 즉 아무리 남을 웃기려 한 말이라도, 예의와 애정을 잃지 않는 유머만이 좋은 유머일 것이다.

따뜻한 유머는 오래 기억된다

따뜻한 유머는 세상을 바꾼다. 예로부터 훌륭한 일화들은 시간이 흘러도 쉽게 사라지지 않고 좋은 사례로 오래 오래 기억되어 많은 사람들에게 널리 퍼진다. 실제로 오래된 농담이나 유머를 보면 그 재치와 즐거움에 깜짝 놀라게 된다.

지금부터 슈바이처 박사의 유명한 사례를 한번 살펴보자.

슈바이처 박사가 선교 모금 차 시카고를 방문했을 때의 일이다. 슈바이처를 환영하기 위하여 시카고 시장을 비롯한 많은 유명 인사들이 슈바이처가 내릴 기차역의 1등석을 지켜보고 있었다.

그런데 아무리 기다려도 슈바이처가 보이지 않았다.

그때 놀랍게도 슈바이처 박사가 3등석에서 내려오는 것이 아닌가.

그 광경을 보고 놀란 사람들이 그에게 물었다.

"아니, 박사님께서 왜 3등석을 타셨습니까?"

그러자 슈바이처는 빙긋 웃고는 이렇게 답했다고 한다.

"찾아보니 4등석이 없더군요. 그래서 3등석을 탔지요."

이 사례는 겸손과 교만함에 대해 많은 것을 이야기해준다. 슈바이처 박사는 자신에게 질문을 던진 사람들에게 끄게 꾸짖음 없이, 자연스럽게 겸손함을 가르쳐주고 있다. 슈바이처 박사의 대답을 들은 사람들이 어떤 생각을 했을지는 금방 상상이 갈 것이다.

　좋은 유머는 이처럼 그 어떤 훌륭한 가르침보다 사람의 마음속에 깊이 각인된다. 또한 굳이 훈계나 대단한 메시지를 담지 않고도 오랜 시간에 걸쳐 사람을 감동시킨다. 세상을 사랑하고 인간을 사랑하는 마음은 누구나 바라고 기대하는 것들이며, 유머는 바로 그 같은 휴머니티를 전달하는 최고의 도구 중에 하나다.

4

박학다식한 유머를 구사하라

지적인 유머는 듣는 이로 하여금 웃음을 유발할 뿐만 아니라 존경과 애정을 심어준다. 실제로 많은 리더들이 지적인 유머로 수많은 청중들을 사로잡곤 했다. 그런 면에서 박학다식한 유머는 이 시대의 리더가 갖추어야 할 기본적인 소양이라고 할 수 있다.

그러나 이 같은 지적인 유머는 단순히 지식이 많다고 해서 가능한 것이 아니다. 머리 속에 들어 있는 지식을 가장 적합한 순간에 꺼내는 재치, 더 나아가 자신의 뜻을 관철시키고 난관을 헤쳐 나가려는 강한 의지 역시 지적인 유머의 달인이 되기 위해 필요한 것들이다.

머리로 하는 유머, 몸으로 하는 유머

한때 슬랩스틱이라는 것이 유행한 적이 있었다. 슬랩스틱이란 이른바 넘어지고 구르고, 우스꽝스러운 분장과 표정 등으로 사람을 웃게 만드는 유머를 말한다. 슬랩스틱은 독특한 외모와 행동 등이 돋보여야 하므로 과

장된 행동과 표정이 그 특징이다. 한때 슬랩스틱은 개그에서 빼놓을 수 없는 요소였고, 많은 관중들이 이 슬랩스틱에 열광했다. 우리나라에서고 심형래 씨나 이주일 씨 등 수준 높은 슬랩스틱을 구사하는 코미디언들이 있었다.

그러나 최근 들어 슬랩스틱 유머는 지적인 유머들에게 그 자리를 내주고 있는 추세다. 이른바 박학다식하고 문제의식이 높으며, 재치와 이야기가 풍부한 지능형 유머들이 젊은 세대의 각광을 받기 시작한 것이다.

사실 고도의 지적인 유머는 지성에서 나오는 것이다. 진짜 세련된 유머, 그 장소와 분위기에 맞는 유머는 지적으로 연마된 자만이 발휘할 수 있다. 그리고 받는 쪽도 지성이 구비되어 있지 않으면 안 된다.

 국회에서 벌어진 일이다. 한 야당 의원이 국회에 출석한 보건부장관을 향해 인신공격을 시작했다.

"고작해야 수의사 출신인 당신이 사람의 건강에 대해 아는 게 있겠소?"

그러자 보건부장관은 이렇게 말했다.

"그렇습니다. 난 수의사 출신이지요. 그러니 아프시면 언제든지 찾아오십시오."

그 말에 국회에 있던 사람들에게서 웃음이 터져 나왔다.

이는 인신공격이라는 무지막지한 칼날을 가볍게 넘겨버린 지적인 유머에 해당된다. 만일 여기서 같은 인신공격으로 맞대응했더라면 아마 국회는 엉망이 되었을 것이다.

　이처럼 세상에 대한 풍자, 사람들의 보편적인 심리에 대한 일침, 그 외의 다양한 주제들에서 이른바 지적인 유머 바람이 불기 시작하면서 재치 있는 말재주와 순발력 등이 유머에 있어서 빼놓을 수 없는 요소가 되었다. 그리고 이 같은 지적 유머는 유머러스한 사람은 곧 '순발력 좋고 똑똑한 사람'이라는 새로운 공식을 만들어내기에 이르렀다. 지적인 유머는 교양과 센스를 담아 상대방을 미소 짓게 하는 동시에 강한 호감을 심어주는 효과를 발휘한다.

　그렇다면 지적인 유머란 어디서 발현되는 것일까?

　박학다식함이란 다시 말해 세상에 대한 관심이다. 일단 내가 바라보는 세상, 주변 사람에 대한 관심을 가지면 자연스레 그에 대한 지식도 늘어날 수밖에 없다. 그러다 보면 상황마다 주어진 맥락을 잘 파악할 수 있고, 자연스레 유머에도 지적이고 날카로운 면모가 묻어나게 된다. 다음의 사례를 보자.

배재학당의 입학시험을 치른 도산 안창호 선생이 필기시험에 합격하고
면접시험을 치를 때였다.
선교사가 묻고 안창호 선생이 대답합니다.
"어디에서 왔는가?"
"평양에서 왔습니다."
"평양이 여기서 얼마나 되나?"

"8백 리쯤 됩니다."

"그런데 평양에서 공부하지 않고 왜 먼 서울까지 왔는가?"

그러자 도산이 선교사의 눈을 응시하며 반문했다.

"미국은 서울에서 몇 리입니까?"

"8만 리쯤 되지."

"8만 리 밖에서도 가르쳐주러 오셨는데 겨우 8백 리 거리를 찾아오지 못할 이유가 무엇입니까?"

도산 선생은 얼마 후 최종 합격 통보를 받았다.

도산 선생이 이 면접에서 구사한 유머는 앞에 있는 선교사의 마음을 끌기에 충분했다. 그는 차분하고 날카로운 면모로 상대를 꼼짝 못하게 만드는 힘이 있었고, 이를 공격적이지 않은 부드러운 유머로 풀어낸 것이다. 지적인 유머는 결코 요란하지 않고 조용한 물처럼 흘러 상대를 제압한다. 슬랩스틱이 와르르 쏟아지는 웃음을 만든다면, 지적인 유머는 미소를 지으며 고개를 끄덕이게 만드는 힘이 있다.

여유로움을 배워라

그렇다면 어떤 공부야말로 유머 실력을 높이는 데 도움이 될까? 과연 유머 없던 사람이 유머를 배울 수는 있는 것일까?

웃음은 인간의 자연스러운 감정 표현이며, 이는 기본적으로 인간이라면 누구나 웃음을 이끌어낼 수 있는 능력을 타고난다는 것을 의미한다. 그러나 이처럼 타고난 웃음의 재능을 누구나 발휘할 수 있는 것은 아니다. 실제로 많은 웃음의 달인들은 여러 가지 공부와 훈련 과정을 거친다. 그러나 그 공부란 책을 달달 외우거나 정식화된 수업 과정을 의미하는 것이 아니다. 아니, 오히려 자신의 주변을 세밀하게 관찰하는 깊은 관심, 여유로운 마음가짐, 세상에 대한 애정 등 인격의 형성과 더 큰 관련이 있다.

즉 유머 공부란 더 좋은 인생을 살기 위한 노력을 의미하며, 더 나아가 박학다식한 유머란 삶과 사람에 대한 끊임없는 관심에서 비롯된다.

즉 유머도 공부가 필요하지만, 그 공부란 결코 책이나 수업을 통해서만 얻을 수 있는 것이 아니라 삶을 바꿈으로써 이뤄낼 수 있는 것이다. 그리고 이 중에서도 여유로움은 지적인 유머를 구사하는 데 가장 중요한 배경이 된다.

주변을 둘러보면 정말 쫓기거나 긴박한 상황에 처해 있는 사람이 유머를 구사하는 것을 보기가 어려울 것이다. 유머는 본래 여유롭고 낙관하는 마음가짐에서 나오기 때문이다.

또 한편 유머는 위기에 처해 있더라도 그곳에서 한걸음 벗어나 객관적으로 바라보고 웃을 수 있는 강한 사람의 몫이기도 하다. 즉 여유로움이 유머를 만들어내는 동시에, 유머가 또다른 여유를 만들어낸다.

1930년대에 일본의 총리를 지낸 이누가이의 이야기다. 이누가이는 한쪽 눈을 다치는 바람에 외눈이었다. 그가 외무장관 자격으로 국회에 출석했는데, 한 야당 의원이 다음과 같이 비아냥거렸다.

"당신은 한쪽 눈만으로 어떻게 세상 돌아가는 걸 볼 수 있겠습니까?"

그러자 이누가이는 태연하게 대답했다.

"의원님께서는 일목요연(一目瞭然)이란 말도 모르십니까?"

이외에도 지적인 유머는 정치적이거나 풍자적인 것들이 많은데, 이는 유머가 세상 돌아가는 일과 무관하지 않다는 것을 보여준다. 특히 정치인들에게 지적인 유머가 요구되는 것은 그 유머가 그들의 인품을 보여주기 때문이다. 그들에게 요구되는 인품이란 무엇이겠는가?

어떤 일에도 흔들리지 않는 대범함, 지적인 면모, 품위 등등이다. 이런 면에서 지적인 유머는 통 큰 사람의 면모를 가장 잘 보여주는 유머 형태로 리더십이 중요한 요즘 같은 시대에는 더 큰 각광을 받을 수 있다.

5

절망과 고통을 웃음으로
날려 버려라

인생이 노래처럼 잘 흘러갈 때에는 명랑한 사람이 되기 매우 쉽다. 그러나 진정한 웃음의 달인은 모든 것이 잘 안 흘러 갈 때도 잘 웃는 사람을 말한다. 웃음은 그 어떤 어려운 상황도 가볍게 만들어 불안을 진정시켜주는 특별한 효과가 있다.

위기 대처에 강한 사람이 되고 싶다면 먼저 웃음의 달인이 되어라. 웃음이 가진 힘을 믿고 그를 통해 더 강해지는 사람이 되어라.

웃음은 긍정의 견인차

아무리 심각한 분위기도 마치 풍선처럼 가볍게 만드는 사람들이 있다. 그런 사람들의 이야기를 듣다 보면 지금껏 무거운 걱정에 휩싸여 있던 것이 어리석게 느껴질 정도다. 이처럼 훌륭한 유머리스트들은 여유와 낙관적 사고로 많은 사람들을 절망에서 구원해내는 힘이 있다.

유머는 우리가 무겁다고 느꼈던 짐들을 한없이 가볍게 만들어 부정적 감정에서 탈출하도록 도와준다. 이것이 바로 웃음이 주는 초월 효과라고 한다.

한창 정치 활동을 왕성하게 하던 미국의 대통령 루스벨트는 39세 무렵 갑자기 마비 증상을 앓기 시작했다. 걷는 것이 어려워지자 이제는 다리에 쇠붙이를 대고 고정시킨 채 휠체어를 타고 다녀야 했다.

절망에 빠진 그는 한 동안 방에 틀어박혀 나오지 않았다. 그러자 부인인 엘레나 여사는 이를 안타깝게 여기고 어느 날 남편의 휠체어를 밀며 정원으로 산책을 나갔다.

루스벨트의 기분이 오랜만에 한껏 좋아졌을 무렵, 엘레나가 다정한 목소리로 말했다.

"비가 온 뒤에는 반드시 이렇게 맑은 날이 오지요. 당신도 마찬가지예요. 지금은 좀 불편해졌지만, 그렇다고 당신 자신이 달라지는 건 아무것도 없어요."

그러자 루스벨트는 한숨을 쉬며 탄식하였다.

"하지만 나는 영원히 불구자요. 그래서 당신 고생이 몇 갑절이 될 텐데 그래도 당신은 나를 사랑하겠소?"

"무슨 서운한 말씀을 하세요? 그럼 내가 지금까지 당신의 두 다리만을 사랑했단 말인가요?"

아내의 이 말에 루스벨트는 기쁨을 감출 수 없었다. 두 사람은 다시 한 번 손을 굳게 잡았고, 결국 그는 큰 용기를 얻었다. 이후 루스벨트는 장애자의 몸으로 미국 역사상 4번이나 대통령에 당선되는 쾌거를 이루었다.

만일 이때 부인이 루스벨트와 함께 슬퍼하거나, 마음 약한 말을 한다고 타박했다면 어떻게 되었을까?

아마도 루스벨트가 네 번이나 대통령 일을 해내는 일은 결코 없었을 것이다. 그는 유머리스트 아내의 힘을 입어 부정적인 상황을 긍정적으로 바꿔낼 용기를 얻을 수 있었고, 그것이 미국의 역사 일부를 이루어냈다.

어떤 상황에서든 웃으며 유머를 말한다는 것은 사실 쉽지 않은 일이다. 그것은 자신감과 용기, 믿음과 낙관 등 중요한 덕목들을 요구한다.

 어느 전쟁터에서 있었던 일이다. 치열한 전투를 벌이는 도중 많은 아군이 지뢰에 목숨을 잃었다. 무서워진 병사들이 한 장교에게 물었다.

"지뢰 때문에 너무 많은 병사들이 죽었습니다. 장교님, 대체 저 지뢰들을 어떻게 피하면 좋을까요?"

그러자 장교는 말했다.

"좀 더 불편하게 지내보게."

그 말을 들은 병사들은 어리둥절했다. 병사들이 고개를 갸웃하자 장교는 말했다.

"편한 길이다 싶으면, 그게 바로 지뢰밭이네."

총알이 빗발치는 상황에서 이렇게 유머를 던진다는 것은 사실 흔한 일이 아니다. 그러나 우리 일상에서는 노력만 하면 얼마든지 가능하다. 주변 사람이 괴로워할 때 그것에 공감하고 위로해주는 것도 좋지만, 더 고단

수의 위로는 그 고통을 가볍게 만들어 웃도록 해주는 것이다.

자신의 약점을 인정하라

유머는 상대에게도 좋지만 그것을 구사하는 사람에게도 용기와 희망을
안겨준다. 긍정적인 사람들은 대부분 솔직한 성격을 가지고 있다.

크게 숨기거나 포장하지 않고도 자신을 잘 드러낼 수 있는 자신감이 있
기 때문이다.

세기의 리더라고 불리는 처칠 역시 솔직한 성격으로 많은 지지를 얻은
바 있다. 그는 굳건한 리더이기 전에 자신의 '무수한 결점'을 인정한 사람
이었다. 다만 그가 다른 사람과 달랐던 것은 자신의 결점으로 인해 절망하
거나 자책하지 않았다는 점이다. 그것은 자기의 약점이나 결점을 솔직히
인정하는 낙관주의자 특유의 강한 자신감 덕분이었다.

 처칠이 미국을 방문했을 때였다. 처칠에게 한 여인이 이렇게 물었다.
"연설을 할 때마다 자리가 미어터지도록 사람들이 모인다는 것은 정말 짜릿할
것 같군요."
"기분 나쁜 일은 아니지요."
처칠은 대답했다.
"하지만 내가 정치 연설을 하는 게 아니라 교수형을 당하고 있는 거라면 청중
이 최소한 지금의 2배는 될겁니다."

즉 처칠은 자신의 연설장을 찾는 사람들 중에는 자기를 싫어하는 사람도 많다는 것을 잘 알고 있었다. 하지만 그럼에도 자신은 그것에 연연하지 않고 할 일을 하겠다는 자신감이 있었기 때문에 '교수형'을 운운하는 유머를 쉽게 던질 수 있었다.

만일 그런 보통 사람이었다면 자신의 지지도에 절망을 느꼈을 수도 있다. 그리고 처칠의 이 같은 솔직함과 유머러스함이야말로 많은 이들의 신뢰를 얻는 바탕이 되었다.

 어느 날은 처칠의 비서가 신문을 들고 뛰어 들어왔다. 거기엔 처칠을 '시거를 문 불독'으로 묘사한 정치 만평이 실려 있었다.

비서들이 이구동성으로 신문사를 비난하고 있는데, 정작 당사자인 처칠은 시거를 물고 그 만평을 물끄러미 쳐다보더니 미소를 띠며 이렇게 말했다.

"오, 정말 기막히게 잘 그린 그림이군. 저기 걸린 초상화보다 이 그림이 오히려 날 더 빼닮았어. 당장 초상화를 떼고 이 만화를 오려서 붙여놓게."

그는 자신이 그다지 젠틀하지 않은 이미지라는 것을 알고 있었다. 그러나 스스로가 완벽하지는 않지만 그럼에도 자기의 한계를 극복할 수 있으리라는 믿음이 있었고, 자신을 빗댄 만평조차도 유쾌하게 받아들였다. 아이러니하게도 그를 불독으로 풍자한 이 만화는 이후 인기를 얻어 영국 시민들의 큰 사랑을 받았다. 영국 시민들은 시거를 문 불독의 진지하고도 뚝심 있는 모습에서 처칠을 연상하고 거기에 위안을 얻은 것이다.

이처럼 처칠은 지금은 실패했더라도 언젠가는 그것을 딛고 성공할 수 있으리라는 믿음을 잊지 않았다. 또한 이 같은 관점은 더 나아가 세상을 보는 시선에도 영향을 미쳤고 그는 세기의 리더로 남을 수 있었다.

즉 훌륭한 유머리스트는 처칠과 같이 솔직하면서도 당당한 사람들이며, 타인들뿐만 아니라 자신까지도 절망과 자책에서 구해내는 사람들이다.

6

때로는 통렬하게 비판하라

비판도 요령 있게 하는 사람이 있는가 하면, 분노만 쏟아내는 사람이 있다. 풍자는 가장 훌륭한 세태 비판이자 많은 사람들과 공감을 얻을 수 있는 훌륭한 도구다. 아무 말 못하고 꼼짝 없이 당하는 모습만큼 바보스러운 것도 없다. 그렇다면 무작정 화를 내며 분노를 표출할 수도 없다. 그럴 때 풍자는 적절한 비판의 방법을 보여주며, 그로 인해 더 나은 세상을 만들어가는 힘이 된다.

풍자는 속 시원한 유머

살다 보면 세상살이에, 또는 자신의 처지에 불만이 쌓이는 때가 있다. 이 불만은 인간살이에 없어서는 안 될 요소이지만, 불만을 표출하는 방법에도 건강한 방법과 건강하지 못한 방법이 있다.

예로부터 풍자는 한 사회의 불만을 유쾌하게 풀어내는 정신적 활력제로서 유머들 중에서도 가장 오랜 역사를 가지고 있다. 인간은 결코 완벽한 존재가 될 수 없고 따라서 우리가 사는 세상도 모순투성이일 수밖에 없다. 이 같은 상황에서 사회적 불만 역시 계속해서 축적된다. 풍자는 바로 이럴 때 이런 모순점들을 물 위로 떠올려 사회적인 정화에 도움을 준다. 즉 지적하고자 하는 대상을 유머러스하게 꼬집어 모두에게 통쾌함을 안겨주고 증오를 누그러뜨리는 것이다. 다시 말해 풍자는 아주 건강한 사회적 현상 중에 하나라고 볼 수 있다.

또 하나, 역시 자주 풍자의 대상이 되는 종교인에 대한 풍자도 하나 보도록 하자.

 제 2차 세계대전 때, 군인들에게 예정론을 설교하던 한 목사가 있었다.
목사는 군인들에게, 미래에 대해 염려하지 말라고 말했다.
"전쟁터에서 죽고 살지를 걱정하지 마십시오. 만일 죽을 운명이라면 그대들이 거기에 없다고 할지라도 총탄이 기어코 표적을 맞추게 될 것이고, 결국 피할 운명이라면 그대들을 명중시킬 총탄은 없을 것입니다."
그러던 어느 날, 전투가 벌어졌다. 마구 빗발치는 총탄 속에서 목사는 근처의 가장 큰 나무 밑으로 황급히 몸을 숨겼다. 그 때 마침 한 병사가 이걸 지켜보고 있었다.
병사는 목사에게 이렇게 물었다.
"우리더러는 아무 걱정 말라던 분께서 가장 먼저 몸을 피하시는군요."
그러자 목사는 이렇게 대답했다.
"흠, 자넨 아직 예정론을 제대로 이해하지 못했군. 난 달리도록 예정되어 있단 말일세."

이 풍자 역시 말만 번드르르하게 하고 정작 자신은 사리사욕을 챙기는 종교인을 비판하고 있지만, 역시 사람을 웃게 만드는 이야기 구조로 되어 있다.

좋은 풍자는 웃음 속에 교훈을 담는다

그러나 풍자도 지나치게 노골적이거나 깊은 증오를 담고 있으면 원한에 가깝지 유머가 아니다. 또한 사회적 순기능을 가지는 만큼 항상 선량하고 약한 사람들 편에 서야만 한다. 그저 조롱과 멸시로 가득 찬 풍자는 하지 않으니 못한 것이다.

영국 런던 시내에서 한 남자가 어떤 귀부인과 싸움이 붙었다. 그는 그 귀부인에게 다짜고짜 이렇게 소리쳤다.

「이 돼지야!」

이 사건은 이내 고발조치를 당하게 되었고 그 사내는 법정에 서서 심판을 받게 되었다. 재판장은 이렇게 판결을 내렸다.

「당신은 귀부인에게 돼지라는 모욕적인 말을 했소. 이에 벌금형을 내립니다.」

벌금형을 받은 사내는 이 판결에 고개를 끄덕인 뒤 다시 물었다.

「재판장님, 벌금은 물론 물지요. 다만 귀부인에게 돼지라고 한 것은 죄라고 하시는데, 그럼 돼지에게 귀부인이라고 하는 것도 죄입니까?」

「그건 상관없소.」

재판장이 말을 마치자 사내는 원고석의 그 귀부인을 향해 정중한, 그러나 비웃음을 띠며 이렇게 말했다.

「귀부인, 안녕히 가십시오.」

이것은 귀부인들의 이중적인 면을 풍자한 유머로 보이지만 인신공격적인 뉘앙스가 강하다. 이런 풍자는 그 순간에는 웃게 되고, 기발하다는 생각이 들지만 결과적으로는 유쾌한 마무리를 할 수가 없다. 이번에는 세계 어디를 가나 풍자 대상 1위로 여겨지는 정치인 풍자를 두 가지 보자.

한 정치가의 젊은 아내가 말했다.

"여보 아기가 또 말을 하려고 했어요."

"무슨 이야기가 하고 싶은 걸까?"

"정치 이야기겠지요. 처음에는 점잖더니 2, 3분도 채 안 돼서 얼굴이 빨개지고 화를 내더라고요. 당신을 꼭 닮았지 뭐예요."

영국에 곤란한 질문으로 남을 골탕 먹이기 좋아하는 관리가 있었다. 유명한 소설가이자 목사인 스위프트를 만난 자리에서도 그의 악취미는 어김없이 발동했다. 관리가 거드름을 피우며 스위프트에게 물었다.

"선생, 악마와 목사 사이에 소송이 일어난다면 어느 쪽이 이기겠습니까?"

"당연히 악마가 이기지 않겠소."

"참으로 뜻밖의 대답이군요. 그 이유가 뭔가요?"

스위프트는 여유 있게 웃으며 대답했다.

"그거야, 관청의 관리들이 모두 악마 편이기 때문이지요."

이 말을 들은 관리는 한 마디 대꾸도 하지 못하고 얼굴을 붉히며
그 자리를 떠났다.

이 유머는 특정 인물을 비하하기보다는 정치인 전체에 대한 완곡한 비
판을 목적으로 하고 있다.

게다가 큰 악의 없이 자연스럽고 엉뚱한 내용으로 이야기를 풀어가서
큰 거부감이 없다. 만일 더 노골적이고 증오 가득한 풍자였더라면 보는 이
들의 얼굴을 찌푸리게 만들었을지도 모른다.

이처럼 좋은 풍자는 뒤끝이 씁쓸한 맛보다는 자연스러운 웃음 속에 교
훈을 담고 있어야 한다.

제3장

웃음의 달인에 이르는 7단계

사람의 웃는 모습을 보면 그 사람의 본성을 알 수 있다고 한다.
이처럼 웃음은 한 사람의 인격을 보여주는 것이며 그 사람의 삶이 행복 쪽에 기울어 있는지
불행 쪽에 기울어 있는지를 보여준다.
웃음의 달인이 되는 일은 자신의 머리를 언제나 행복 쪽으로 놓아두는 일이다.

유머의 중요성을 깨달아라

사람들로 하여금 생각을 강요하는 사람보다,

자연스럽게 웃을 수 있게 하는 사람이 더 많은 표를 얻는다.

- 말콤 드 카잘

최근에 시행된 한 설문조사에 의하면 많은 여자들이 최고의 이상형으로 꼽은 유형이 바로 '유머 감각 있는 남자' 였다. 심지어 이 유머 감각 있는 남자를 택한 비율이 '경제력 있는 남자' 보다도 많았다. 그도 그럴 것이 우리 사회란 기본적으로 사람과 사람이 부딪치며 사는 만큼 모순과 마찰이 발생한다.

이때 유머 감각은 이런 다양한 문제 해결에서 윤활유 역할을 하며, 더 나아가 가장 이익을 보는 사람은 유머를 구사하는 자신이 된다.

남을 재밌게 해주는 사람은 자신도 자연스럽게 낙관적인 태도를 갖게 되기 때문이다.

그뿐만이 아니다. 유머의 중요성은 더 나아가 정치적인 영역으로까지 확대된다. 「대통령의 위트」라는 책을 쓴 전 미국 상원의원 밥 폴은 "대통령의 유머 감각은 통치력에 버금가는 요소로 평가되며 가장 성공적이었던 지도자들은 통치력과 유머 감각 두가지 모두를 과시했다"며 "세계에서 가장 스트레스가 많은 대통령직을 수행하는 데 웃음은 감정적인 안전밸브"라고 말할 정도다.

또한 최근 들어서는 개인과 개인을 연결시켜주는 공감의 도구를 넘어 경영이나 경제 서적의 주제가 될 만큼 그 주제나 활용이 다양해지고 있다.

특히 이 중에 경영에 유머가 도입된 사례는 아주 신선하다.

불과 10년 전만 해도 경영에는 유머가 별로 필요하지 않았다. 설사 필요했다고 하더라도 그것을 인식하는 사람은 매우 드물었다. 하지만 오늘날에는 유머 강의, 유머 경영과 같은 소위 펀 경영이 대 유행을 할 만큼 유머의 중요성이 강조되고 있다.

이 같은 분위기 속에서 유머의 중요성을 인식한 CEO들도 최근 유머 감각이 뛰어난 사원을 고용하기 위해 노력하고 있다. 그들은 유머 감각이 뛰어난 사람이 창조적이고 생산적이며 심지어 결근이 적고 아픈 날도 적으며 더 나은 의사 결정력을 가지고 있다고 믿기 때문이다. 다음의 기사를 보자.

직장인 85.5%,
"유머 감각이 성공에 영향 미친다"

직장인 10명 중 8명은 유머 감각이 직장생활의 성공에 영향을 미친다고 생각하는 것으로 나타났다. 온라인 취업포탈 사람인(www.saramin.co.kr)이 직장인 500명을 대상으로 "직장생활의 성공에 있어서 유머감각이 영향을 미친다고 생각하십니까? 라는 설문을 실시한 결과, 전체의 85.8 %가 '영향을 미친다' 고 응답했다.

연령별로 살펴보면, '영향이 있다' 는 응답이 20대는 83.8 %, 30대는 89.5 %, 40대 이상은81.4 % 순으로 나타나 30대에서 유머 감각의 영향을 다소 더 크게 느끼고 있는 것으로 조사되었다. "현재 자신의 유머 감각은 어느 정도라고 생각하느냐" 는 질문에는 '평균 정도는 된다' 가 44 %로 가장 높았고 '다소 떨어진다' 24.2 %, '꽤 있는 편이다' 21.4 %, '형편없다' 5.4 %, '매우 뛰어나다' 5 % 순이었다.

한편, "유머 감각이 뛰어나 실력에 비해 과대평가를 받고 있는 직장 동료가 있습니까?" 라는 물음에는 41 %가 '있다' 고 대답했다. 또, 자신이 다른 능력은 우수하나 유머 감각이 떨어져 직장생활의 성공에서 손해를 보고 있다고 생각하는 응답자도 26.3 % 나 되었다.

출처 - 연합뉴스

웃음의 달인이 되기 위해 가장 먼저 해야 할 일은 이처럼 '유머 시대가 도래했음을 일찍이 깨닫는 것이다. 즉 유머는 타고나는 것이 아니라 배워 가는 것임을 알아야 하다. 사실 동양에서 유머는 오랫동안 제대로 된 대접을 받지 못했다.

서양에서는 근대가 시작되면서 유머가 여러 사회생활의 한 덕목이 된 반면, 동양은 유머가 기를 펴지 못하는 곳이었다. 상당 부분 서양화가 이루어진 지금도 우리는 누군가를 웃기는 일에 익숙지 못하다.

남을 웃기는 일은 자신을 우습거나 실없이 보이게 만든다는 생각이 은연중에 박혀 있기 때문이다. 그러다 보니 한국의 내로라하는 정치인, 기업가는 물론 평범한 직장인들까지도 우스갯소리 하나 못하는 딱딱한 사람이 되어버렸다.

그러나 앞에서도 강조했듯이 적절한 유머는 상대의 마음을 얻는 가장 강력한 무기이며, 그 어떤 복잡한 논리와 설명보다도 강한 매력을 가진다.

지금부터라도 웃음의 달인이 되려면 "유머는 싱거운 것, 품위 없는 것"이라는 생각부터 바꿔야 한다.

이미 시대는 변하고 있다. 이제 엄숙한 표정과 딱딱한 말투, 권위적이고 형식적인 대화를 벗어버리고 보다 자연스러운 모습으로 돌아가자.

항상 상황에 맞게 적절하게 유머를 구사할 정도가 되면 유머뿐만 아니라 모든 면에서 달인이 될 소양을 갖추었다고 해도 과언이 아닐 것이다.

2 단계

젊었을 때 유머를 쌓아라

아이의 방그레한 웃음과 젊은이의 빙그레한 웃음,
노인들의 벙그레한 웃음이야말로 최고의 웃음이다.
- 도산 안창호

유머 감각은 크게 보면 두 가지 근원에서 나온다. 하나는 여유로움, 또
하나는 노력이다. 이 두 가지 상반된 속성은 '늙음 = 여유로움', '젊음 =
노력' 이라는 등식을 떠올리게 만든다. 그렇다면 젊은 시절의 유머 감각이
란 무엇을 의미하며, 그것을 통해 어떤 이점을 얻을 수 있을까?

웃음의 달인들은 대부분 젊은 시절부터 유머를 익힌 사람들이다. 즉 유
머 감각을 길러온 시간이 길뿐더러 매우 의욕적으로 경험하고 노력한다.

이런 의미에서의 유머는 젊음과 일맥상통한다. 젊은 시기의 많은 경험
과 노력이 유머의 경지를 단순한 말장난에서 높은 수준으로 끌어올리는
직접적인 원동력이 되고, 젊을 때는 유머를 풍부하게 받아들이고 반짝거
리는 기지로 이를 재구성하는 데에도 어려움이 없기 때문이다. 또한 젊었

을 때 갈고 닦아 놓은 유머 감각은 평생에 걸쳐 한 사람의 인격과 대인관계를 형성하고 결과적으로 그 인생을 풍요롭게 만든다.

비폭력으로 유명한 인도의 성인 간디 이야기를 보자. 그는 언제나 낙관적이고 따뜻한 마음으로 많은 사람들에게 희망을 심어주었다. 그러나 그역시 한때 자기의 마음속에 있는 불안감을 고백하면서 이런 말을 했다고한다.

"나에게 유머를 즐길 수 있는 센스가 없었다면, 아마 나는 자살하고 말았을 것이다."

이는 그가 난관을 헤쳐 가는 방식 가운데 유머가 큰 부분을 차지했음을보여준다. 이처럼 정신적으로 강인하고 뚜렷한 개성을 지닌 간디 역시 유머를 즐기고 그것을 통해 불안과 고독을 이겨냈다는 점에서, 유머는 인생을 만족시키는 자극제이자 자아를 창조하는 과정임을 잘 알 수 있다. 그러나 여기서 중요한 것은 유머가 간디를 구하는 힘이 될 수 있었던 것은 그가 그 유머를 오랜 시간 동안 자신의 방어벽으로 구축했기 때문이라는 점이다.

아마 많은 이들이 학생 시절 영어 단어를 외워본 경험이 있을 것이다. 우리는 기억력과 에너지에 한계를 가지고 있어서 아무리 노력해도 하루에 한꺼번에 100개의 단어를 외울 수는 없다. 심지어 그렇게 외운다고 해서 모두 머리에 남는 것도 아니다.

유머도 마찬가지다. 하룻밤에 유머 관련 책을 열 권 읽는다고 해서 그 사람의 유머 실력이 부쩍 느는 것은 아니다. 중요한 것은 오랜 시간 경험하고 그것을 다듬어가는 일이다. 또한 생활 속에서 풍부하게 경험하면서 자신이 얻은 유머를 구사할 수 있는 행동력 또한 중요하다. 그런 의미에서 젊은 시절 유머에 주력하는 것은 매우 바람직하다.

남보다 일찍 유머 감각에 눈을 뜬 사람은 늘 낙관적인 사고를 유지할 수 있고, 그로 인해 더 많은 인생의 인센티브를 얻을 수 있다. 그것은 대인관계에도, 사랑에서, 심지어 연봉에도 영향을 미친다. 유머를 통해 누릴 수 있는 많은 것들 가운데 젊은 시절에 유머를 배우는 것은 늘 가치 있는 일이다.

남을 웃겨야 한다는 두려움을 가지고 있다면, 또한 그럼에도 아직 젊어서 도전할 수 있는 용기와 시간이 있다면, 웃음의 달인으로 가는 길은 그다지 멀지 않다.

3 단계

꾸준히 평가하고 수정하라

우리는 행복하기 때문에 웃는 것이 아니고 웃기 때문에 행복하다.

- 윌리엄 제임스

흔히 유머는 머리 좋은 사람들이 하는 것이라는 말이 있다. 사실상 머리가 좋다는 것은 아이큐나 지식과 연결되어 있다기보다는 '알고자 하는 의지'와 호기심, 상상력 같은 감성적인 부분과 연결되어 있다. 그러나 이 같이 타고난 감성을 가진 사람도 보다 세련되고 풍부한 유머를 구사하려면 꾸준한 노력이 필요하다.

예를 들어 개그맨들은 흔히 한 편의 개그를 끝내고 나면 녹화 방송과 대본 등을 꼼꼼하게 살펴보면서 자신의 방송에 대해 평가를 한다. 이런 평가를 할 때만큼은 개그맨들도 웃지 않는다. 자신의 실수를 직접 눈으로 보는 것은 사실 한없이 마음 불편한 일일 수밖에 없기 때문이다.

하지만 이 같은 평가는 전문적인 개그맨들에게는 없어서는 안 될 과정, 아니 반드시 꼭 필요한 과정이다.

만일 그 개그가 썰렁하게 끝났다면 더더욱 이런 평가가 필요하다는 점을 그들도 잘 알고 있다. 따라서 자신도 모르게 얼굴이 붉어지는 것을 느끼면서도 자신이 카메라 앞에서 한 개그를 자세히 들여다보고 주변 사람들과 함께 모니터링한다.

우리도 쉽게 느끼겠지만 처음에는 그다지 눈에 띄지 않던 개그맨이 어느 날 신선한 아이템으로 급격하게 인지도가 높아지는 경우도 적지 않다. 그런가 하면 주변에서도 그저 조용하고 묵묵하다고 생각했던 이가 난데없는 유머 폭탄을 날려 사람들을 웃게 만드는 경우도 있다. 모르긴 몰라도 그들이 이처럼 변화할 수 있었던 것 심층에는 바로 꾸준한 '평가와 수정', 더 좋은 유머를 구사하고자 하는 의지가 있었을 것이다.

이는 웃음의 달인이 되기 위해서도 다른 달인들과 마찬가지로 꾸준한 평가와 재창조, 그리고 수정이라는 힘겨운 과정이 필요하다는 것을 보여준다. 사실 이는 새삼스러운 것도 아니다. 접시 닦는 일을 하는 접시닦이의 달인만 해도 여러 번의 실수를 거쳐 자신만의 노하우를 찾아냈는데, 고도의 말솜씨와 연결되는 유머는 더더욱 그렇지 않겠는가?

반면 직업 개그맨이 아닌 이상 우리는 자신이 한 유머의 점수를 평가하기가 쉽지 않다. 대부분은 세밀한 체크보다는 느낌으로 이것을 해낸다. 우리에게는 우리 모습을 정확하게 찍어주는 카메라도 없을뿐더러 많은 유머들을 무의식적으로 해내기 때문에 딱히 되돌려 짚어내기가 어렵기 때문이다.

이럴 때는 주변 사람들의 반응을 유심히 살펴 볼 필요가 있다. 그들이 나를 '재미있는 사람' 으로 보고 있는지, 내 말이 그들의 관심을 끌고 있는지, 내 말에 자주 웃는지, 그렇지 않다면 어떤 이유에서인지 등을 자리마다 순간 순간 체크를 해보고 방법을 달리 말하는 순발력이 필요하다.

또한 나의 유머 지수가 어느 정도인지 내 평상시 생활을 살펴보아 객관적으로 평가하도록 해야 한다. 다음은 나의 유머 지수가 어느 정도인지를 간단하게 알 수 있는 방법이다.

나의 유머 지수를 판단할 수 있는 항목들

1. 나는 웃음이 본질적으로 좋은 것이라고 생각한다.

2. 다른 사람과 이야기하고 웃는 것을 즐긴다.

3. 유머로 주변 사람을 웃겨주는 것이 즐겁다.

4. 개그 프로를 잘 챙겨보는 편이다.

5. 잘 웃는 사람에게 호감을 가진다.

6. 웃음소리가 커도 신경 쓰지 않는다.

7. 딱딱한 회의 시간에도 유머를 사용할 때가 있다.

8. 새로운 사람을 만나는 데 두려움이 없다.

9. 유머가 위기를 탈출하는 데 도움이 된다고 생각한다.

10. 금방 꺼내서 얘기할 수 있는 유머가 3가지 이상 있다.

유머는 한순간에 반짝 익혀서 써먹을 수 있는 자격증 지식이 아니다. 그 것은 습관을 통해 꾸준히 쌓아가는 것이며, 평생 동안 익혀야 하는 장기 프로젝트다. 단시간에 승부를 볼 수 없거나 갑작스러운 실력의 진전이 없 더라도 실망하지 않고 먼 고지를 바라보는 자세를 가지는 것이야말로 웃 음의 달인에게 걸맞은 마음가짐일 것이다.

4 단계

자연스러움을 익혀라

웃음은 전염된다. 웃음은 감염된다.

- 윌리엄 프라이

혼히 유머는 타이밍이라는 말이 있다. 웃음은 자연스럽게 흘러나오는 것이지 결코 억지스럽게 나오는 것이 아니다.

아마 주변에서 억지로 웃기려다가 오히려 분위기만 썰렁해지는 경우를 본 적이 있을 것이다. 이런 유머는 듣는 사람도 하는 사람도 무안해지기 십상이다. 개그맨으로 치면 절체절명의 위기가 될 수도 있는 상황이다.

이런 경우는 대부분 의욕만 앞서고 그 실행 방법의 자연스러운 타이밍을 간과했기 때문이다.

다시 말해 그 당시 대화의 주제와 어울리는 유머를 구사하는 데 실패했다는 이야기다.

이 같은 실수는 그 사람이 아직 웃음에서 달인 수준에 다다르지 못한 아마추어임을 보여주며, 조급함이 앞서는 유머, 즉 웃음의 달인에게 반드시 필요한 '자연스러운 웃음'의 기술을 익히지 못했음을 증명한다. 그렇다면 적절한 유머를 자연스럽게 풀어내는 시기적 타이밍이란 무엇일까? 다음 사례를 보자.

유명한 코미디언 조지 번즈의 이야기다. 그는 대화의 흐름을 타는 유머에 능했는데 한번은 파티에서 건강 이야기가 나왔을 때였다.

누군가 곧 100살이 되는 그에게 요즘 의사들을 어떻게 생각하느냐고 물었다. 그러자 조지 번즈는 이렇게 답했다.

"나는 하루에 시가를 열 대 피우고, 매일 점심 때마다 마티니 두 잔을, 저녁에 또 두 잔을 마십니다. 그리고 젊었을 때보다 더 자주 여자들과 어울리지요. 그러면 사람들은 이번에는 의사들이 그 점을 어떻게 생각하느냐고 물어보곤 합니다."

그리고 좌중을 한 번 둘러보고는 태연하게 말했다.

"그런데 내 주치의는 10년 전에 죽었지 뭐요."

그러자 나와 한층 심각해져 있던 사람들이 얼굴을 활짝 펴고 폭소를 터뜨렸다. 그리고 그 말을 마친 조지 번즈 역시 유쾌하게 웃었다.

이제 사람들은 그의 건강 비결이 바로 그런 웃음과 유머에 있다는 걸 깨달을 수 있었다.

만일 번즈가 건강과는 관련 없는 엉뚱한 유머를 구사하거나 억지로 나서서 서론을 길게 늘어놓았다고 생각해보자. "건강과 관련한 재미있는 얘기 하나가 있습니다" 식으로 말이다.

그것은 유머가 아닌 의도적 연설이다. 그리고 사람들은 대개 의도적인 '연설'이 시작되면 흥미를 잃는다. 그러나 번즈는 '때를 기다릴 줄 아는 사람'이었다. 그는 천천히 이야기하고, 핵심을 찔렀다. 그것은 그가 자신의 이야기를 하면서도 대화의 주제에 집중할 수 있었기 때문이다.

그렇다면 상황에 맞지 않는 유머를 하게 되는 가장 큰 이유는 무엇일까?

그것은 바로 조급함이다. 앞에서도 이야기했듯이 유머는 여유로운 마음가짐과 큰 관련이 있다.

극적으로 말한다면 '내 이야기에 사람들이 웃건 웃지 않건 별 상관하지 않는 마음가짐이라'고도 할 수 있다. 자연스러움이란 이처럼 성과에 크게 연연하지 않을 때 흘러나오는 것이다.

물론 좋은 유머를 구사하려면 많은 노력이 필요하지만, 그 노력을 꾸준히 오랜 시간 하다 보면 자신도 모르게 기교와 패턴이 늘고, 그를 통해 유머에 관대해지는 마음이 생겨나는 것이다.

그런가 하면 또 하나, 자연스러운 유머를 방해하는 것이 있다.

바로 욕심이다.

예를 들어 내가 이야기를 해도 재미가 없을 것 같다는 느낌이 들면, 굳이 그 이야기를 하지 않고 과감하게 입을 다물 줄 아는 결단력도 필요하다. 사람들은 무언가 재미있는 이야깃거리를 준비해가면 그것을 꼭 이야기하고 싶어 한다. 마치 연설대에 올라가 연설하듯이 말이다.

그러나 이야기, 그 중에서도 재미있는 이야기는 아무리 묵혀둬도 결코 사라지지 않는다.

　반드시 언젠가는 이야기할 수 있는 기회가 온다. 따라서 유머를 즐길 때
는 최대한 '즐긴다' 는 마음으로 넉넉한 여유를 가질 필요가 있다.

5 단계

타인의 유머를 즐겨라

웃음은 인간관계의 도로상에 있는 청신호다.
그것은 암흑 속을 안내하는 손이요,
폭풍우 속에서 용기를 안겨주는 것이다.
- 더글라스 미돌

　흔히 유머에는 공격적인 유머와 포용적인 유머가 있다. 앞에서도 충분히 설명했지만 아무리 유머가 개인의 성공에 도움이 된다고 해도, '공감을 일으키고 그것을 즐기는 도구'라는 점에는 변함이 없다.

　즉 유머는 주고받는 즐거움에서 시작되는 것이지, 단순히 내 유머 감각을 과시하는 데 머물러서는 큰 효용이 없다.

　진정한 유머리스트, 웃음의 달인들은 상대방을 웃게 만듦으로써 즐거움을 느끼는 동시에 상대가 주는 웃음 역시 즐겁게 받아들인다. 그들의 주변에 항상 웃음이 끊이지 않는 것도 이처럼 유머를 '주고받기' 때문이다.

　반면 독선적인 유머리스트들은 냉소와 독설로 무장하고 있다. 그들은 포용적 유머보다는 비하적 유머를 많이 사용하고, 그로 인해 재치 있는 사람이라는 말은 듣지만 많은 이들의 사랑을 받지는 못한다.

또한 그들은 타인의 유머를 세련되지 못하다고 생각해 그것을 되받아치는 데에만 몰두한다. 하지만 그것은 아직 그가 웃음의 진정한 본질을 잘 모른다는 사실만을 보여줄 뿐이다.

사실 타인의 유머를 즐겁게 받아들이고, 나 자신도 그에 맞춰 유머를 구사하는 것은 고도의 심적 단련 없이는 쉽지 않다.

상대의 유머 코드를 잘 알고 그에 맞춰 웃음을 유발해야 하는 치고받기 기술이 필요하기 때문이다.

다음의 두 사례를 보자.

아인슈타인 박사가 상대성 이론으로 세계적인 명성을 얻게 될 무렵이었다. 그는 미국의 여러 대학들에 초청되어 여러 번 강연을 나가야 했다.

당시 그에게는 승용차를 운전해주는 전속 운전사가 있었는데 그는 항상 박사의 강연을 끝까지 듣고 이런 저런 이야기를 해주며 아인슈타인과 친구가 되었다. 거의 20~30회 정도 강연을 거친 어느 날, 운전사가 아인슈타인 박사에게 장난스럽게 제의했다.

「저도 벌써 30번이나 박사님 강연을 들어 모두 외웠지 않습니까. 보시기에 피곤하신 듯한데 이번엔 제가 대신 선생님 양복을 입고 강연해 보면 어떨까요?」

그러자 아인슈타인은 흔쾌히 응했다.

「그렇다면 어디 한번 자네가 해보게. 지금 가는 대학에서는 내 얼굴을 잘 모른다네. 내가 자네 모자를 쓰고 운전사가 될 테니 자네가 내 이름을 대고 강의를 해보게.」

두 사람은 다음 대학에 도착하기 전에 옷을 바꿔 입었고, 아인슈타인은 운전을 하고 뒷좌석에는 운전사가 앉았다.

놀랍게도 가짜 아인슈타인 박사의 강연은 성황리에 끝났다. 박수를 받으며 연단에서 내려오려고 할 때였다.

교수 한 사람이 아주 전문적인 질문을 한 것이다. 아인슈타인과 운전사는 잠시 당황했으나 곧 눈을 맞추고 서로 빙긋 웃었다. 그리고 단상의 가짜 아인슈타인은 조금도 당황하지 않고 이렇게 말했다.

「아, 그 질문이라면 아주 간단합니다. 그 정도는 제 운전사도 답 할 수 있습니다. 자, 여보게, 어서 설명해 드리게나.」

그리고 운전사 복장을 한 아인슈타인은 뚜벅뚜벅 단상에 올라가 설명을 해서 청중들의 입을 쩍 벌어지게 만들었다.

 압바스 왕조의 2대째 회교 지도자를 맡고 있던 이븐 하라마인이 자신을 칭송하는 시를 바친 유명한 시인을 초대했다. 그는 그 시가 너무 마음에 들어 시인에게 상을 줄 생각이었다.

「그가 원하는 것은 무엇이든지 모두 들어줄 터이니 어서 말해보라.」

이에 시인은 곰곰이 생각하더니 장난기 어린 얼굴로 이렇게 말했다.

「지도자시여. 압바스의 법은 저 같은 주정뱅이에게는 너무 가혹하옵니다. 제가 살고 있는 고을 관리가 술에 취한 저를 잡아가겠다고 매일 엄포를 놓고 있습니다. 부디 제게 마음껏 술을 마실 수 있는 권리를 주십시오.」

요즘도 그러다시피 회교국에서의 음주는 가장 지독한 죄 중의 하나였다.

즉 왕은 고민했다. 말을 들어주면 국가의 권위가 흔들리고, 시인의 말을 외면

하자니 자기가 한 약속을 어기는 꼴이 되는 셈이었다. 그러나 그는 대수롭지 않다는 듯이 이렇게 말했다.

「고을 관리에게 이렇게 알려라. 이 시인이 술에 취해 있거든 연행해서 곤장을 80대를 쳐라. 그리고 이 시인을 연행한 사람에게는 곤장 100대를 쳐라.」

당연히 처벌을 두려워한 사람들은 더 이상 시인의 음주를 고발하지 못했다. 압바스의 지도자는 이처럼 유머러스하게 시인의 말을 받아들여 시인의 소원도 들어주고 나라의 기강도 흩트리지 않을 수 있었다.

상대의 유머에 인색하지 않은 것, 그것 또한 웃음의 달인이 되기 위한 필수적인 조건이다. 웃음의 달인은 잘 웃기는 사람이기도 하지만, 동시에 잘 웃을 줄 아는 사람이어야 한다.

즉 남의 유머를 듣고 선량한 마음으로 그것을 받아들이는 사람은 그 자체로 상대를 행복하게 만들며, 이런 면에서 유머는 받아들이는 자세와도 관련이 있다.

아무리 재미있는 얘기를 해도 그 유머를 받아들일 준비가 되지 않은 사람에게는 그것은 아무 의미없는 얘기에 불과한 것이다.

반면 그다지 재미있지 않은 얘기라도 잘 웃는 사람이 앞에 있으면 이야기하면서 신이 나게 마련이다.

내가 어느 정도 유머러스하다고 느낀다면, 이제부터는 상대의 유머에 신나게 웃어주자. 그러면서 자연스레 상대의 유머를 북돋아주는 내 유머를 덧붙여보자.

유머가 이 세상에 존재하는 것은 재미있는 이야기 자체가 좋기 때문이 아니라, 그 재미있는 이야기로 인해 즐거운 인생을 살기 위함이라는 사실을 기억하자.

6 단계

생활 자체가 웃음이 되게 하라

진리는 웃음과 동반한다.
진정한 유머는 머리가 아닌 마음에서 나온다.
- 토머스 칼라일

유머는 거창하게 누군가를 웃기는 일이기도 하지만, 스스로 생활 속에서 웃음을 찾는 것이라는 점에서 마인드 문제와도 연결된다.

때때로 큰 자리에서는 다른 사람을 잘 웃기는 사람이 막상 자기 생활은 무료하고 무뚝뚝한 경우가 있다.

실제로 이런 사람들이 개그맨들 중에도 있다. 그들은 직업적으로 계속 남을 웃겨야 하니, 자기가 즐거워 웃는 것도 일처럼 느껴진다. 그러나 평범한 사람이 웃음에 부담을 느끼게 되면 그 만큼 안타까운 일도 없다.

그렇다면 생활 자체가 웃음이 되려면 어떤 마음가짐이 필요할까?

웃음이란 사실상 대화 속에서 나온다. 유머를 잘 구사하는 사람들을 가만히 살펴보면 '말하기'를 좋아한다. 그들은 일상적으로 사람들과 소통

하는 가운데 자연스럽게 남을 웃기고, 그 속에서 또 자기만의 즐거움을 느낀다.

또한 그들은 말 한 마디에도 남을 웃기려는 의지를 담는다. 즉 먼 곳에서 웃음거리를 찾는 대신, 생활 속에서 자주 마주치는 대상을 엉뚱하거나 웃기게 빗대는 것에 능숙하다. 그들은 엉뚱해지는 것을 두려워하지 않고, 그것으로 남을 웃기고 자기도 웃을 수 있음에 만족한다.

어떻게 보면 웃음을 불러오는 유머는 즉흥적인 직관을 통해서 생겨난다. 자꾸 웃기려는 생각, 궁리하려는 의지를 가지면 유머 실력도 부쩍 늘고, 평범한 일상적인 상황을 웃긴 상황으로 재해석하는 능력도 자라난다. 그리고 이런 가벼운 유머들은 굳이 큰 의미를 담고 있지 않아도 우리의 일상을 윤택하게 만든다.

절친한 친구인 청년 둘이 만났다. 한 청년이 흥분해서 말했다.
「이봐, 자네 여동생이 날 사랑한다는군. 정말 놀랍고 신나는 일이지 않아?」
「그래? 그 아이는 뭐, 그런 말을 늘 입에 달고 다니지.」
오빠는 여유 있는 표정으로 말을 계속 이었다.
「고양이에게도 '널 내가 얼마나 사랑하는지 아니?' 라고 한단 말이야.」

어느 날 친구들끼리 모여서 잡담을 하고 있었다.
「우린 집안 대대로 술을 못해. 그래서 한 병만 마셔도 그냥 가지 뭐야.」
그러자 옆의 친구가 말했다.

「난 술 한 병 정도도 아니야, 한 잔만 마셔도 끝이라고. 심지어는 콜라만 마셔도 취한다니까.」

「쳇, 그 정도면 낫게. 난 술집 앞도 못 지나다녀. 술집에서 풍기는 술 냄새만 맡아도 취하거든.」

모두들 저마다 재치를 자랑하고 있는데, 유독 한 친구만 쿨쿨 잠을 자고 있었다. 그걸 본 친구들이 그를 깨웠다.

「이봐, 일어나게. 자넨 뭐하나?」

그러자 그 사람은 취한 듯 눈을 껌뻑대며 말했다.

「어이구, 미안하네. 난 자네들이 술 이야기를 할 때부터 흠뻑 취해 있었거든.」

이 이야기들은 일상 속에서 얼마든지 서로 주고받을 수 있는 유쾌한 농담들이다. 그렇다면 이런 순발력을 일상 속에서 계속 발휘하려면 어떻게 해야 할까?

많은 유머리스트들이 권하는 방법이 몇 가지 있다. 바로 아침마다 신문이나 인터넷 사이트 등에서 유머 소재를 찾는 일이다.

물론 남들 유머를 그대로 줄줄 읽듯이 하는 것이 유머는 아니다. 유머는 기본적으로 창의적이 것이기 때문이다. 그러나 공부 잘하는 이들이 오래된 고전을 공부하듯이, 해묵은 유머도 잘 읽고 그 안에서 웃음의 포인트는 무엇인지, 사람들이 왜 이 이야기에 웃게 되는지, 왜 이 이야기는 썰렁한지 등등 그 웃음의 구조를 파악하면 그것을 응용하는 능력도 신장된다.

또한 점심시간에 동료와 나누었던 이야기, 회식 자리에서 들었던 즐거운 이야기 등을 내 것으로 소화해 실천해보는 노력도 필요하다.

일상 속에서 웃음과 가까이 한다는 것은 하나의 축복이다. 더군다나 웃음의 수혜자가 되는 데 그치지 않고 그것을 창조해낼 수 있는 유머리스트가 된다는 것은 더더욱 좋은 일이다.

진정한 웃음의 달인은 큰 무대에서뿐만 아니라, 일상이라는 작은 무대에서 웃음의 소중함을 더욱 더 깊이 느낀다.

그런 의미에서 웃음의 달인은 가장 가까운 사람이 가족과 친구, 이웃의 삶을 즐겁게 해주고자 하는 열정을 품고 있다고 할 것이다.

7 단계

스타일을 만들어라

어떤 사람의 웃는 모습을 보면 그 사람의 본성을 알 수 있다.
누군가를 파악하기 전에 그 사람의 웃는 모습이 마음에 든다면
그 사람은 선량한 사람이라고 단언할 수 있다.

- 도스토예프스키

생김새와 말투, 성격이 다르듯이 유머도 구사하는 사람에 따라 그 분위기가 틀려진다.

즉 유머에도 역시 "가장 훌륭한 유머는 이런 것" 이라고 쉽게 말할 수 있을 만한 정석이 존재하지 않는다.

어떤 이들은 그저 표정이나 행동만 봐도 웃음이 나오는가 하면, 또 어떤 이들은 지적인 말장난을 잘하는 이들도 있다.

또한 따뜻하고 부드러운 유머가 있는가 하면, 신랄하고 풍자적인 유머를 잘 구사하는 사람도 있다. 또 자신을 낮추고 망가뜨림으로써 남을 즐겁게 해주는 사람들도 있다.

이처럼 유머는 다양한 형태로 나타나고 이 모두가 각각의 개성을 가진다. 기본적으로 공감하고 유쾌한 분위기만 잃지 않는다면, 사실 어떤 스타일의 유머를 구사하든 큰 문제가 되지 않는다.

중요한 것은 과연 내 이미지와 가장 잘 어울리는 유머가 어떤 것이며, 나는 어떤 면에서 유머러스한지를 잘 알고 그 스타일을 키워가는 일이다.

유머에는 여러 종류가 있지만 크게 나누어 다음과 같은 종류가 있다.

* 천재적 지적 유머

최근 많은 이들이 추구하는 유머 중에 하나로 박학다식함과 대화의 흐름을 주도하는 리더형 유머로, 정치인이나 연설가, 예술가 등의 비범한 천재성으로 대변되는 유머다.

이런 유머들은 사람으로 하여금 존경심을 품게 하는 동시에 친밀함을 유발해 공감의 지지를 얻는 효과가 있다. 처칠과 링컨 등이 대표적인 지적 유머의 달인들이다.

* 일상적 공감 유머

이 유머는 직장이나 가정 같은 인간관계에서 가장 호응을 얻는 유머로 때로는 부드러운 공감을 일으킨다. 일상적 공감 유머를 잘 구사하는 사람들은 어디 가나 인기를 얻고 친밀한 관계를 맺음으로써 환영받는 존재가 된다.

다소 여성적인 측면을 띄기 때문에 공격성 또한 없다. 조지 부시의 아내 로라 부시의 경우가 친밀한 일상적 공감 유머의 달인이다.

*기술적 재치 유머

이 유머는 이른바 말장난의 즐거움을 극도로 끌어올린 치고받는 기술, 순발력, 언어 능력 등을 기본으로 하는 유머로써 큰 의미는 없지만 딱딱한 분위기를 즐겁게 만들어준다.

다만 치고받는 과정에서 즉흥적 유머를 구사하므로 자칫 공격적인 분위기로 흐를 수 있으므로 완급 조절이 필요하다.

미국의 정치인들 중에 이런 유머를 구사하는 이들이 많다. 이들의 토론 장면을 보고 있으면, 기술적 재치가 보는 이에게 얼마나 큰 쾌감을 안겨주는지를 알 수 있다.

*어리버리 느긋 유머

이는 자신을 낮춤으로써 상대방의 우월감을 만족시켜주는 동시에 당사자를 개성 있고 겸손한 사람으로 비추이게 한다.

실제로 어떤 자리를 가보면 많은 말을 하지 않지만 느릿하고 엉뚱한 한마디로 사람들을 웃기는 유머의 달인들이 있다.

이들은 타인의 칭송을 기대하기보다는 있는 그대로의 자신을 그대로 내보이는 오히려 솔직하고 직설적인 성격을 가진 경우가 많다. 겉으로 비추이는 것보다 생각이 많고, 인기에 크게 연연하지 않아 자연스러운 분위기를 풍긴다.

텔레비전 프로에 종종 등장하는 완숙한 중견 탤런트들의 요란하지 않은 유머를 떠올리면 될 것이다.

* 비언어적 제스처 유머

유머에는 언어적 유머도 중요하지만 겉으로 보여지는 표정과 몸짓도 중요하다. 비언어적 유머인 표정 유머는 말로는 표현할 수 없는 감정을 전달하는 좋은 도구다.

표정 언어를 잘 사용하는 사람은 활달하게 보이고 누구든지 금방 친밀해진다. 이런 사람들은 굳이 재미있는 이야기를 하지 않아도 표정이 풍부하기 때문에 사람들로부터 '재밌는 사람' 이라는 말을 듣게 된다. 심형래, 이주일, 외국의 미스터 빈 같은 유머의 달인들이 여기에 속한다.

다른 모든 것에서와 마찬가지로 유머에서도 스타일은 매우 중요하다. 유머의 달인으로서의 자격을 완성시키는 최종적 단계라고 해도 과언이 아니기 때문이다.

자신의 스타일을 안다는 것은 자신의 장단점을 잘 아는 것과 같다. 즉 나는 이런 상황과 이런 말투로는 유머를 창조하기가 어렵다고 느낄 때, 자연스레 내 개성에 맞는 유머를 찾게 되듯이 말이다.

그러나 여기서 명심해야 할 것은 스타일이란 억지로 만드는 것이 아니라, 자연스레 만들어진다는 점이다. 표정 표현이 어색한 사람이 표정 유머의 달인이 되는 일은 결코 쉽지 않다. 그런 이들은 다른 유형을 택해 자신이 가장 잘 할 수 있는 유머를 선택해야 한다.

이는 지금껏 해왔던 성공과 실패 사례 속에서 내 스타일은 어떤 것이 어울리는지, 지금껏 내가 생각했던 유머 스타일이 나와 맞는지 다시 한 번 돌이켜 봄으로써 가능할 것이다.

제4장

웃음의 달인이 되는 습관 기르기

사소한 일에 짜증을 내지 않는 습관,언제나 웃는 습관이 한 사람의 삶을 바꾼다.
태양은 누구에게나 따뜻한 빛을 주고,사람의 웃는 얼굴도 햇빛과 같이 친근감을 준다.
인생을 즐겁게 지내려면 항상 웃는 습관을 가져라.

긍정적인 마인드를 키워라

수없는 시행착오와 실패를 겪으면서도 꿋꿋이 자신의 길을 걷는 사람들이 있다. 그런 이들은 발명가들뿐만 아니라 많은 예술가들, 그리고 그 외의 평범한 사람들 중에도 얼마든지 있다. 그렇다면 그들의 힘은 과연 어디서 나온 것일까?

만일 그들이 일희일비하는 사람들이었다면 결코 자신의 고지를 지키지 못했을 것이다.

즉 일희일비하지 않는다는 것은 자신의 신념을 믿는다는 것이며, 그것은 결과적으로는 긍정의 힘을 갖추었음을 의미한다. 그렇다면 긍정의 힘은 과연 어떤 형태로 나타나며, 우리는 어떤 습관을 유지해야 긍정적인 마인드를 놓치지 않을 수 있을까?

이 질문에 답하려면 일단 긍정적인 마인드에 대한 성찰이 필요할 것이다. 긍정한다는 것은 엄밀히 말해 낙천적, 낙관적이라는 말과 연결된다. 또한 이 낙천과 낙관은 유머를 창조해내는 가장 기본적인 심성이다.

 언젠가 처칠이 파티에 갔을 때 일이다. 그가 술을 마시고 취해 있을 때 한 여자 정치가가 다가와 나무라듯 말했다.

"처칠 경, 너무 많이 취하셨군요."

그러자 처칠은 이렇게 답했다.

"그렇습니까? 그런데 당신은 가만 보니 못생겼군요. 내일 아침만 되면 나는 맑은 정신이겠지만, 당신은 여전히 못생겼을 거요."

비록 상대에게는 일종의 비난으로 느껴질 수 있지만 이 유머를 들은 대부분의 사람들은 "처칠은 너무 가혹하군!" 이라고 말하지 않는다. 처칠의 유머러스한 점을 잘 알고 있는 사람들로서는, 이 농담이 상대를 비난하기 위해서가 아니라 술 취한 자신조차도 가혹하게 대하지 않는 그의 긍정적이고 낙천적인 사고에서 나왔다는 것을 알기 때문이다.

실제로 언제 어디서나 유머러스한 말솜씨로 대중을 사로잡은 처칠은 영국인들이 가장 사랑하는 정치인으로, 차갑고 무뚝뚝한 외모와는 달리 항상 낙관과 희망을 가슴에 품고 있던 세기의 낙천주의자였다.

그는 정치가였고 따라서 정적들도 많았다. 정치라는 것이 늘 그렇듯이 조금만 틈을 보이면 비난의 화살이 치고 든다. 그러나 그는 이 모든 화살의 촉을 웃음으로 가볍게 피해버린 위대한 유머리스트 중의 한 사람으로, 그의 낙관적 유머는 국민들 사이로 널리 퍼져 그의 정치가로서의 자질에 대한 신임으로 돌아오곤 했다.

다음은 그가 전쟁 작전 실패에 대한 혹독한 비판을 받으면서 불신임 투표라는 극단의 정치적 행동까지 벌어졌던 당시의 일이다.

처칠이 수상과 더불어 군사 작전을 지휘하는 국방장관을 겸하고 있던 1942년의 일이다. 북아프리카에서의 군사 작전이 계속해서 난항을 거듭하고 실패 여론이 번져가자 다급해진 하원에서 그에 대한 불신임안을 제출했다. 당시 그에게 한 의원이 한창 논란이 되고 있던 '처칠 탱크'에 대해서 물었다. 그때 처칠은 이렇게 대답했다.
「A22 이 탱크는 처음에 무수한 결함을 지니고 있었고, 그래서 '처칠 탱크'라는 이름을 얻었지요. 그러나 이제는 결함들이 대부분 보강되어 머지않아 매우 강력한 무기가 될 것입니다.」

그의 이 같은 대답은 사람들을 웃게 만드는 동시에, 그의 낙관과 확신에 손을 들도록 만들었고, 결국 불신임 동의안은 부결되었다. 사실 한 나라의 지도자가 자기를 내쫓으려고 눈에 불을 켠 사람들 앞에서 그런 여유를 보인다는 것은 결코 쉬운 일이 아니다.

설사 불신임 투표가 부결되었더라고, 만일 그가 이 자리에서 그 질문을 한 의원에게 화를 내거나 불안하고 초조해 하거나 분노하는 모습을 보였다면 어떻게 되었을까? 아마 그의 국가 원수로서의 위상도 엉망이 되었을 것이다.

이처럼 항상 긍정적이고 여유로운 사고를 가진 이들은 어떤 극단적인 상황에서도 유머를 잃지 않는다. 항상 더 좋아질 결과를 예상하고 지금의 상황에 절망해 악담을 퍼붓는 짓을 하지 않는 것이다. 그것은 미래의 가능성에 대한 하나의 믿음이며, 주어진 상황에 대한 최선의 대처이며, 그에 대한 확고한 확신이다. 그런 믿음과 확신이 없었다면 아마 처칠도 그렇게 능청스럽게 유머를 던지지는 못했을 것이다.

그런가 하면 워싱턴과 링컨 역시 한 세기가 흐른 지금까지도 촉망 받는 역사적인 유머리스트로 남아 있다. 다음은 그들이 무엇 때문에 지금까지도 위대한 리더이자 훌륭한 유머리스트로 평가받고 있는지를 잘 보여주고 있다.

어느 날 한 신사가 말을 타고 가다가 젊은 병사들이 일하는 현장에 도착했다. 가만 보니 나무를 운반하고 있는 듯했다. 그 중에 한 사람은 상사였는데 작업 지휘를 하면서 자신은 꼼짝도 하지 않고 있었다. 그 신사는 상사에게 물었다.

"자네도 같이 밀어야 하지 않겠나?"

"난 명령을 내리는 사람이지 일꾼이 아니오."

그러자 신사는 윗저고리를 벗은 뒤 자기도 말에서 내려 병사들 틈에 끼어 같이 나무를 밀기 시작했다. 한참 뒤 나무를 다 운반한 뒤, 신사가 말에 올라타며 상사에게 말했다.

"다음에 또 나무를 운반할 일이 있거든 총사령관을 부르게."

그 말에 상사는 입을 딱 벌리고 말았다. 병사들은 그때서야 그 신사가 조지 워싱턴 장군임을 알아보았고, 모두들 놀라서 어쩔 줄을 몰라 했다.

이번에는 링컨의 사례다.

남북 전쟁이 한창이던 무렵이었다. 어느 날 링컨은 국방장관과 함께 맥클레런 장군의 야전사령부를 방문했다. 그러나 장군은 전투에 나가 있었고, 그래서 두 사람은 몇 시간이나 그를 기다려야 했다. 이윽고 맥클레런이 돌아왔지만 그는 너무 피곤한 나머지 대통령과 장관이 왔다는 것을 알면서도 2층의 침실로 올라가 버렸다. 잠시 후 부하가 찾아와 이렇게 말했다.

"장군께서 너무 피곤하다시며 그냥 잠자리에 드셨습니다."

놀란 국방장관은 펄펄 뛰었다. 자기를 무시한 것은 둘째 치고 대통령을 무시한 처사에 화가 나서 장군을 당장 직위 해제시켜야 한다고 주장했다. 그러나 링컨은 이렇게 말하고 집으로 돌아갔다.

"장군은 이 전쟁에서 이기기 위해 반드시 필요한 사람이오. 장군으로 인해 이 비극적인 전쟁이 한 시간이라도 줄 수 있다면, 난 기꺼이 그의 말고삐를 잡아주고 군화도 닦아줄 것입니다."

이처럼 긍정적인 마인드는 불필요한 불화나 다툼을 방지하고, 한층 여유롭고 수준 높은 유머를 구사할 수 있도록 만들어주는 심적인 활력제다. 진정한 유머리스트가 되고 싶다면, 또한 어떤 상황에서도 유머를 잃지 않고 싶다면, 긍정적 마인드의 힘을 느끼고 일상적으로 그것을 배워나가는 일부터 시작해야 할 것이다.

내가 먼저 잘 웃는 것이 긍정의 시작이다

웃음도 하나의 습관이다. 실제로 주변을 보면 어려울 때조차 웃는 사람들이 존재한다. 그럴 때 가만히 살펴보면 그것은 그 사람의 몸에 깊이 배인 습관에 가깝다는 사실을 알 수 있다. 이처럼 항상 웃는 습관은 몇 가지 좋은 기능을 가진다.

첫째, 웃음을 통해 스스로 가진 불안을 덜고 긍정적인 마음을 기를 수 있다.

둘째, 타인에게 좋은 인상을 심어주고 친근함을 느끼게 해준다.

셋째, 조직 안에서 나를 따르는 사람들을 안심시켜 든든한 신뢰를 얻을 수 있다.

웃음 하나가 이처럼 여러 가지 효과를 가진다는 것을 알게 되면, 웃는 일만큼 좋은 일도 없다고 자연스레 느끼게 된다.

그러나 이 웃는 습관도 뚝딱 하고 금방 생기는 것은 아니다. 예를 들어 오랫동안 감정 표현을 잘 못했던 사람의 경우는 한번에 환하게 웃는 얼굴을 만들지 못한다.

그럴 때는 거울을 보든, 사진을 찍든, 자신의 얼굴을 계속 체크하고 의식적인 웃는 훈련을 해야 한다. 늘 입가에 미소를 머금고 있다던지, 항상 크고 시원하게 웃는 사람들 중에는 의외로 웃음 연습을 많이 한 사람들이 적지 않다.

웃는 습관, 그로 인한 긍정적 마인드 기르기를 원한다면, 가장 먼저 내 웃는 얼굴은 어떤지 거울을 들여다보는 일부터 시작해야 한다.

마음에 한 조각도 불안이나 의심이 남지 않을 때까지 매일 거울을 보고 연습하는 일이 필요한 것이다. 그리고 내 웃는 얼굴을 들여다보며 상대의 표정이 어떻게 변하는지를 항상 살피고, 결과적으로는 상대까지 웃게 하라. 그것이 바로 긍정적인 마인드를 만들어내는 웃음의 비법이다.

2

역발상의 힘을 믿어라

잘 웃기는 사람들을 살펴보면 그 중에 많은 이들이 '매사를 거꾸로 생각하는 습관'이 있다는 것을 알 수 있다. 위에서 설명한 '긍정적 사고'가 유머를 창조하는 데 바탕이 되는 심정적 준비라면, 거꾸로 생각하기는 말 그대로 유머의 구체적인 '발상'을 만들어내는 법이다.

즉 이는 내 가까운 곳이나 저만치 세상의 모든 사물과 사건을 거꾸로 되짚어 생각해 보는 것으로서 평소에는 보지 못하는 또 하나의 측면을 찾아내는 일과 비슷하다. 즉 현미경과 확대경을 이용해 몰랐던 부분을 찾아내고 그 안에서 유머의 씨앗을 키워가는 일인 셈이다.

다음의 유머 두 개를 보자.

 어느 날부터 방구 소리가 잘 들리지 않아 청각에 이상이 생겼다고 생각한 청년
이 병원을 찾았다.
"선생님, 제 귀가 이상한 것 같습니다."

"구체적으로 어떻게 이상한가요?"

"청력이 약해졌는지 요즘엔 제 방귀 소리도 잘 안 들릴 지경이에요."

그리고 청년은 방귀를 뿡 뀌고 귀를 기울이더니 실망한 표정을 지었다.

"역시 잘 들리지 않는군요."

그때 의사가 코를 막으며 대답한다.

"어이구, 제 생각엔 그게 아닌 것 같습니다. 자, 이 약을 드십시오. 방귀 소리가 커지는 약입니다.

 한 산모가 아이를 낳으며 진통을 겪는 와중이었다. 오랜 진통을 겪어도 출산이 순조롭지 않자 지쳐버린 의사가 이렇게 말했다.

"많이 힘들어 보이십니다. 위치를 좀 바꿔보는 게 어떨까요?"

"좋아요, 제발 그래야겠어요!"

산모가 반갑다는 듯이 얼른 대답한다.

"내가 의사가 되는 편이 낫거든요!"

 사람들이 이런 유머에 웃는 이유는 생각했던 것과 유머의 결과가 반대이기 때문이다. 즉 흔히 생각하는 대로 청력에 이상이 있다거나, 산모가 몸의 자세를 바꾸는 정도라면 웃음거리가 될 만한 이야기가 아니다.

 그러나 이는 전혀 엉뚱한 결과를 보여줌으로써 허허 하는 웃음을 이끌어낸다. 이것이 바로 역발상의 힘이다. 그리고 이 같은 역발상에 익숙해지면 이 같은 거꾸로 식의 유머도 더 많이 만들어낼 수 있다. 역발상과 긍정적인 사고방식이 만나 끊임없이 창조적이고 재미있는 유머들이 샘솟게 되는 것이다.

이번에는 조금 더 많은 추측과 테크닉이 필요한 사례들을 감상해 보자.

국경에서 있었던 일이다. 매일 같이 빠짐없이 오토바이에 포대자루를 싣고 국
경을 넘나드는 한 노인이 있었다. 어느 날 국경 수비대가 혹시 밀수꾼이 아닌
가 싶어서 그를 붙잡고 물었다

"할아버지, 이 포대 속에 뭐가 들었죠?"

"보면 모르겠나? 자갈이지 뭐겠어!"

경비원은 포대를 꼼꼼히 뒤져보았지만 정말로 자갈이 다였다. 이후에도 경비
원은 여러 차례 오토바이를 세우고 불심검문을 했지만 그때마다 포대에서는
자갈만 나왔다. 결국 그러기를 1년이 지났다. 마침내 궁금증을 견디지 못한 경
비원이 물었다.

"할아버지, 밀수를 하신대도 눈 감아 드릴 테니, 제발 솔직히 말씀해 주세요.
할아버지 밀수꾼 맞죠? 그렇죠?"

그러자 노인이 히죽 웃으며 대답했다.

"으응, 나 오토바이 밀수꾼이야."

이것은 앞에서 소개한 역발상보다는 순발력 있는 추리가 필요한 좀 더
고난이도의 역발상 유머다. 그리고 이처럼 같은 뒤집기라도 추리하기 어
려운 내용을 유머에 삽입시키면 당연히 웃음의 효과도 그만큼 커진다.

다음은 뒤집기 방법을 좀 더 복잡하고도 재미있게 연결시킨 소재다.

한 미국인이 소련인에게 말했다.

"미국에는 정치적 자유라는 게 있지, 누구라도 백악관의 대통령 집무실에 들어
가서 책상을 주먹으로 쾅 내리치면서 레이건에게 '미국을 통치하는 방식이 도
대체 마음에 안 든다'고 소리칠 수 있거든."
"흠…."
소련인이 코웃음을 치며 대답한다.
"나도 크렘린에 가서 똑같이 할 수 있다네."
"정말?"
"당연하지, 나도 고르바초프의 집무실에 들어가서 책상을 주먹으로 쾅 내리치
면서 '레이건이 미국을 통치하는 방식이 도대체 마음에 안 든다'고 소리칠 수
있단 말일세."

이 이야기는 소련인이라면 당연히 고르바초프를 비난할 것이라는 예측
을 무너뜨려 웃음을 이끌어낸다.

인간에게는 몸에 붙은 습관이라는 것이 있다. 그것은 생각하는 방식도
마찬가지다.

우리는 누구나 틀에 박힌 사고를 은연중에 가지고 있고, 그런 사고 습관
은 몸에 붙이면 좀처럼 떼어내기가 어렵다. 그럴 때 눈에 보이는 세상을
한번쯤 뒤바꿔 생각하고 사물을 세밀히 관찰하는 습관을 들이면 좋은 유
머 발상에 도움이 될 뿐 아니라 삶에도 생동감이 넘치게 된다.

언제 어디서나 사물을 뒤집어 생각해보는 습관이 몸에 붙었다면, 그로 인해 어디서나 역발상 유머를 하나쯤 꺼내볼 수 있게 되었다면, 이제 웃음의 달인으로 향하는 두 번째 습관을 완성시켰다고 자신해도 좋다.

역발상 기르기

세상을 거꾸로 보는 시선만으로 완벽한 역발상 유머를 만들어내기는 어렵다. 즉 단편적인 사고 외에 하나의 이야기를 만들어내려면 이야기를 만들어내고 이것을 표현하는 능력이 필요하기 때문이다. 즉 이것이 숙달되려면 오랜 시간이 걸린다. 따라서 처음에는 뒤집기를 평소 하는 습관으로 확실히 정착시키는 일이 필요하다.

그러려면 마주치는 모든 것을 한번 뒤집어 생각해보는 훈련이 필요한데, 흔히 보고 들을 수 있는 속담이 좋은 소재가 된다.

▶ 아는 것이 힘이다. ↔ 모르는 것이 약이다.
▶ 등잔 밑이 어둡다. ↔ 등잔 위는 더 어둡다.
▶ 윗물이 맑아야 아랫물이 맑다. ↔ 밑불이 잘타야 윗불도 잘 탄다.
▶ 구르는 돌에는 이끼가 끼지 않는다. ↔ 구르는 돌에는 먼지가 낀다.
▶ 가장 높이 나는 새가 가장 멀리 본다. ↔ 가장 낮게 나는 새가 가장 자세히 본다.
▶ 일찍 일어나는 새가 일찍 먹이를 찾는다. ↔ 일찍 일어나는 벌레는 일찍 잡아먹힌다.

이런 훈련은 유머 창조뿐만 아니라 삶을 살아가는 데도 보탬이 된다. 이처럼 세상을 거꾸로 보다 보면 놓치고 지나갔던 부분들을 다시 보게 되고, 그 안에서 또 다른 측면을 바라보게 된다.

　즉 사물들을 뒤집어 본다는 것은 그 사물을 삐뚤게 바라보는 것이 아니라 보나 풍부한 시선으로 세상을 이해하기 위함이라는 점을 잊지 말자. 그리고 이처럼 넓게 바라보고 여러 가능성을 생각하는 열린 시선이야말로 유능한 유머리스트가 되기 위해 길러야 할 또 하나의 중요한 습관일 것이다.

3

시기적절하게 응용하는
습관을 길러라

아무리 아름다운 옷도 거기에 어울리는 장소에서 입지 않으면 아무 소용이 없다. 골프장에 드레스와 하이힐을 신고 간다면 과연 어떤 상황이 일어나겠는가? "정말 매너 없는 사람이군" 이라는 말을 듣기에 딱 좋다.

이는 유머도 마찬가지다.

때와 장소 없이 마구 튀어나오는 유머는 매너 없어 보이는 것은 물론 더나아가 누군가에게 큰 모욕이 될 수도 있다.

즉 그것이 아무리 재미있는 유머라 해도 기본적인 룰은 지켜주자는 것이다. 유머에서는 때와 장소를 잘 가리고 시기적절하게 자신이 가진 유머를 풀어내는 능숙함이 긍정적 마인드, 역발상의 시선만큼이나 중요하다. 다시 처칠의 예를 보자.

처칠은 정적들에 대해 늘 신랄하면서도 번뜩이는 유머를 구사하곤 했다. 그가 남긴 유머들 중 상당수는 언제 봐도 그 발상과 표현이 탁월하다.

 처칠이 있는 자리에서 영국 노동당의 진정한 창시자가 누구냐를 놓고 언쟁이 벌어졌다.

듣고 있던 처칠이 갑자기 '콜롬부스'라는 답을 내놓는다.

"콜롬부스는 출발할 때 목적지가 어딘지 몰랐고, 도착한 다음에도 거기가 어딘지를 몰랐고, 게다가 순전히 남의 돈으로 항해를 했으니까."

그리고 정치인에게 필요한 능력을 묻는 질문에 이렇게 대답했다.

"내일, 내달, 내년에 무슨 일이 일어날 것인지 예측할 수 있는 능력. 그리고 그런 일이 일어나지 않은 이유를 사후에 설명할 수 있는 능력이지요."

처칠의 이런 유머를 듣고 웃지 않을 사람은 별로 없을 것이다. 그러나 만일 그가 이런 유머를 공식적인 자리에서 했다면 어떻게 되었을까?

모르긴 몰라도 오히려 비난의 반대 화살을 더 많이 맞고, 괜히 불필요한 논쟁에 휘말렸을 가능성이 높다.

그러나 다행히도 처칠은 이런 유머를 사석에서만 즐기는 편이었고, 공식적인 자리에서는 꺼내지 않았다. 아니 아무리 유머를 즐긴다고 해도 대놓고 누군가를 조롱하고 인신공격하는 이른바 매너 없는 유머를 구사하지는 않았다.

만일 시도 때도 가리지 않고 정적들을 코앞에서 조롱했다면 경박하고 분노에 가득 찬 사람으로 보였을 것이다. 그것은 어디까지나 지도자가 가져야 할 소양이 못 된다. 그러나 그는 언제나 여유로움을 잃지 않고, 그러나 신랄하게, 그리고 예의 바르게 자신의 유머를 구사했다. 그리고 이처럼 시기적절한, 때와 장소를 가릴 줄 아는 유머, 또한 그것을 철저히 지키는 원칙이야말로 그를 영국 최고의 정치인이라고 불리게 만든 원인이 되었을 것이다.

시간대에 따른 적절한 유머

그렇다면 유머는 언제 어떻게 구사해야 가장 매너 있는 유머가 될까? 많은 이들이 아침과 점심, 저녁 등 때마다 다른 유머를 구사해야 한다고 생각한다.

사람은 아침, 점심, 저녁마다 다른 컨디션을 지니고 있기 때문이다. 다음은 하루 아침, 점심, 저녁을 유머와 관련해 분류해본 것이다.

• **아침** : 이제 막 일어나 아직 피곤하고 긴장이 풀어지지 않은 상태다. 다소 예민할 수 있는 만큼 지나친 농담보다는 한두 마디의 짧은 유머가 도움이 된다. 지난밤의 안부를 묻는 농담이 가장 무난하다.

• **점심** : 태양이 중천에 솟아 활기가 넘치므로 유머를 활용하기에 좋은 시간이다. 또한 아침보다 긴장이 풀려 있고 분주한 식사 시간이 있기 때문에 활발한 유머를 구사해도 좋다.

• **저녁** : 하루 일과를 마치고 난 뒤의 편안한 마음 상태이므로 유머를 받아들이기에 적절하다. 회의나 모임 등 회합이 있다면 유머를 많이 활용해보자. 약간의 실수도 용납되는 시간대이므로 자연스럽고도 과감한 유머를 구사해도 좋다.

4

열정적으로 표현하기

구슬이 서 말이라도 꿰지 않으면 아무 소용이 없다. 이것은 우리 삶의 많은 부분에 해당되는 이야기다.

아무리 유머와 어울리는 긍정적인 심성과 창조적인 역발상, 그리고 매너까지 다 갖췄다 하더라도 그것을 열정적으로 표현하는 데 인색하다면 그 유머는 별 소용이 없다. 표현이란 기본적으로 타인에게 전달하는 능력인데, 전달 자체가 되지 않으니 웃기는 일도 요원해지는 셈이다.

그런데 놀랍게도 아무리 그 기본을 갖춰도 바로 이 부분에서 무너지는 이들이 생각보다 많다. 자신이 아는 유머, 자신의 표현 등에 의심을 가지거나, 이것을 적절히 구사하는 것을 어려워하는 것이다.

사실 그럴 수밖에 없는 것이, 우리나라의 경우 유머에 대한 편견이 워낙 강한 데다 특히 점잖은 사람이 유머를 던지는 것에 익숙하지 않기 때문이다. 그러나 반대로 생각하면, 바로 그렇기 때문에 더더욱 열정적으로 유머를 실천할 필요가 있다. 유머가 하나의 습관이 되고 생활이 되면 그런 편견들도 사라질 것이기 때문이다.

이 같은 열정적 유머가 가장 효과를 발휘하는 것은 뭐니 뭐니 해도 리더의 위치에 있는 사람들이다.

리더는 사람들을 이끌어가는 자체에 열정을 발휘해야 하며, 리더의 움직임 하나하나는 그 조직원 모두에게 영향을 미친다. 이럴 때 아낌없이 자신의 유머 감각을 온몸으로 표현하는 리더는 유머의 효과를 몇 배나 높이는 결과를 가져온다.

여기 몇몇 열정적 유머 표현의 달인들이 있다. 예를 들어 어떤 유명 인사들은 누군가를 웃기는 것을 부끄러움이 아니라 자기의 재능으로 여기곤 했다.

예를 들어 케네디는 각료회의 시간에조차 무언가 웃길 일이 생기면 가끔씩 자리에서 벌떡 일어나 우스운 제스처를 했다.

그러면 딱딱한 얼굴로 굳어 있던 장관들도 껄껄 웃어버렸고, 회의 분위기는 훨씬 부드러워지곤 했다. 그런가 하면 미국의 대통령 레이건 역시 회의 도중에 느닷없이 예전의 영화 배우 실력을 살려 온갖 액션을 취해 보이곤 했다.

이는 사실 우리 상황에서는 쉽지 않은 일이다. 리더라고 하면 근엄하고 권위 있는 모습만 기대하는 심성 구조에서는 쉽게 나올 수 없는 일이기 때문이다. 그러나 잘 웃기고, 잘 웃는 사람들은 금방 알겠지만 그 같은 제스처는 부정적 효과보다는 긍정적인 효과가 훨씬 크다.

리더가 주는 웃음은 그 자체로 조직원들에게 활기를 주고, 더 자유롭고 창의적인 사고를 자극하기 때문이다.

물론 이 역시 적절한 때와 장소를 가려야 하겠지만, 사실 리더는 한 조직에 영향력을 미치는 인물인 만큼 그가 유머를 구사하면 그 장소와 때는 앞으로도 유머 넘치는 자리로 발전해갈 수 있다.

실제로 데브라 밴턴이라는 사람은 유명한 경영자들의 유머에 대해 이런 글을 남겼다.

"나는 한 기업의 최고 경영자가 직원들의 얼굴에 장난스럽게 파이를 던지거나 일일이 행운의 편지를 써 보내고, 공개적으로 속옷 같은 것을 선물하고, 긴 내의를 입고 식탁 위에서 춤을 추고, 친구의 화장실 변기 위에 가짜 폭탄을 설치하는 등의 익살스런 장면을 많이 보았다."

그러나 이런 행동을 하는 사람에게 과연 "처신머리 없다"는 비난을 퍼부을 사람이 몇이나 되겠는가? 오히려 목 졸라매듯이 엄숙한 분위기에서 진행되는 조직 생활이야말로 끔찍하고 숨 막히는 일이 아닌가?

또한 밴턴이 인용했던 이 최고 경영자들은 말 그대로 세계적인 기업을 이끌어가는 유명인사들이었다.

그들부터가 이렇게 '웃기니', 그 조직의 나머지 사람들은 또 얼마나 웃겼을지 금방 상상이 갈 것이다. 그리고 이 같은 열정적인 유머가 조직 전체에 어떤 영향을 미쳤을지도 짐작 못하는 바가 아닐 것이다.

유머는 열정이며, 동시에 조직을 이끌어가는 힘이다.

최고경영자들은 사실 항상 긴장과 불안 속에서 살아간다. 그러나 리더의 위치에 있는 만큼 그 불안을 내색하기가 어렵다. 그럴 때 유머는 경영자 자신도 구해내고, 조직까지 구해내는 명약 중의 명약이다. 실제로 나는 부끄러워 할 것 없이 한번 '내지른' 유머가 조직을 바꾸는 사례들을 지금껏 적지 않게 보아왔다. 리더의 유머는 낙관의 길을 열어주는 열쇠이며, 신뢰와 창조성을 의미한다.

또한 굳이 한 기업의 총수가 아니라도 많은 사람들과 부딪치며 살아가는 요즘 같은 사회에서는 자신이 가진 유머를 이처럼 열정적으로 표현하는 습관이 반드시 필요하다고 할 것이다.

제스처의 힘

제스처는 온몸을 사용해 유머를 실천하는 것이지만, 직업 코미디언처럼 전문적이고 지나치게 우스꽝스러울 필요는 없다.

이 제스처는 일상 속에서도 얼마든지 사용할 수 있는 것이다. 처음 만나는 사람에게 활달한 표정을 지으며 인사한다던지, 칭찬 해줄 일이 있을 때 놀란 표정을 짓는 것, 반가운 사람을 크게 안아주는 일, 좋은 일이 있을 때 만세 포즈를 취하는 것, 이 모두가 바로 제스처다.

놀라운 것은 이 제스처가 곧바로 전염된다는 사실이다.

우리는 온종일 자신의 얼굴을 보는 시간보다, 상대의 얼굴을 보며 지내는 시간이 더 많다. 따라서 상대가 재미있는 제스처를 익숙하게 해내면 그것을 보는 사람들도 그것을 무의식적으로 따라하게 된다.

오늘부터라도 내가 있는 자리에서 최대한 내 쾌활함을 전달할 수 있는 작고 큰 제스처를 응용해보자. 그 자체로 내 주변 분위기가 한결 달라지는 것을 몸소 느낄 수 있을 것이다.

5

항상 공부하고 메모하라

　예로부터 "열심히 하는 놈은 따라가지 못한다."는 말이 있다. 무엇이든 꾸준히 하는 사람 앞에서는 당해낼 재간이 없다는 이야기다.

　유머도 별다르지 않다. 선천적으로 타고난 유머리스트로 훌륭하지만 매일 노력하는 유머리스트는 더더욱 특별한 사람이다. 그들은 어느 상황에서나 자신만의 유머를 구사하는 유연성이 있고, 웃음의 메커니즘을 잘 알아 효율적인 유머를 구사한다.

　그렇다면 훌륭하고 꾸준한 유머리스트가 되려면 어떤 습관이 필요할까? 바로 공부와 메모다. 즉 좋은 유머리스트가 되려면, 훌륭한 메모리스트, 훌륭한 학생이 되어야 한다.

　메모란 기본적으로 사소한 일을 적어두고, 기억력을 증진시키는 일이다. 그러나 이 메모가 단순히 사소한 일의 기억에서 끝나는 것은 아니다.

　예를 들어 아이디어가 풍부한 사람들을 보면 여지없이 메모광들이 많다. 그들은 라면 박스, 크리넥스 박스 등을 수북하게 쌓아놓고 그 안에 메모를 빼곡하게 채워 넣는다. 그 메모들은 언뜻 보기에는 질서가 없어 보이기도 하고, 낡은 것들은 무슨 소용이 있나 하는 생각도 든다. 그러나 순간순간 떠오르는 이야기와 아이디어들을 다시금 종이 위에 정리한다는 것은 그 자체로 한 번 더 기억하게 되는 좋은 기억 증진법이자, 그 안에 체계를 담을 수 있는 필터링의 과정이다.

인간의 기억이란 한계가 있다. 우리 뇌의 용량은 한정되어 있고, 그 속으로 새로운 기억들이 밀려들면, 예전의 기억들은 몇 개를 남기고는 사라져간다.

따라서 메모는 이 같은 기억 용량을 늘려주는 동시에, 필터링을 통해 체계를 잡아주는 좋은 도구가 되는 것이다.

그러나 이렇게 한껏 모아놓은 메모를 그냥 방치해둔다면 아무 소용이 없다. 즉 무분별한 1차 정리를 통해 얻은 메모를 시간을 두고 다시 한 번 들여다보면서 좀 더 풍부한 체계를 잡을 필요가 있다.

여기서의 체계란 그다지 어려운 것이 아니다. 버릴 것은 버리고, 챙길 것은 챙겨서 그것을 응용하는 일이다.

예를 들어 자신만의 카테고리를 만들어 놓고 그 안에 메모를 분류한 뒤, 이것은 '지적 유머', 이것은 '슬랩스틱', 이것은 '재치 유머'에 어울리겠군 하고 각각의 영역을 정해주면 된다. 그리고 이 중에 중요한 것을 골라 좀 더 확장시키고 연결시켜 이야기를 만들어가는 것이다.

어떤 이들은 유머를 타고난다고 얘기하지만, 지금껏 몇 번 강조했듯이 유머 감각은 어디까지나 후천적인 영향이 더 크다.

앞선 웃음의 달인의 심성적, 기교적 습관에 이어, 이처럼 꾸준히 공부하는 습관까지 가질 수 있다면 이제 당신은 웃음의 달인이 되기 위한 대부분의 준비를 마쳤다고 해도 과언이 아닐 것이다.

웃음 상자를 만들어라

웃음과 유머는 어디에서나 필요한 관계의 윤활유다.

그러나 이처럼 중요한 유머도 정작 자신의 것으로 만들려면 쉽지 않은 게 사실이다. 그럴 때 하루에 한 개씩 출근 전 유머를 메모하는 일은 큰 도움이 된다.

아닌게 아니라 유머를 메모하는 CEO들도 적지 않다. 그들은 대화를 하다가도 "잠깐만요~" 하면서 수첩을 꺼내 기록을 한다. 강연이나 직원과의 대화에서 유머를 많이 알아둬야 대화가 부드러워지는데 메모를 안 하면 정작 써먹으려고 할 때 머리에서만 맴돌고 입으로 나오지 않기 때문이다.

자신이 할 수 있는 유머를 하루에 하나씩 '웃음 상자'에 넣어보자. 그리고 틈날 때마다 하나씩 꺼내 그것을 어떻게 써먹을지 고민해보자. 하루에 하나씩이니 부담도 적고, 메모 자체만 봐도 기분이 좋아질 것이다. 실제로 사람은 자신 있게 할 수 있는 유머를 하나만 가지고 있어도 사람 만나는 일을 더 즐겁게 느낄 수 있게 된다.

이처럼 유머 역시 다른 공부와 다를 바 없이 기록하고 저장하는 일부터 시작된다. 또한 가까이 놓아둔 '웃음 상자'를 보고 내가 먼저 웃는 일에서 시작된다.

　생각해보면 남을 웃기는 일은 그다지 어렵지 않다. 그저 하루에 하나씩, 그것은 10년 동안 해나가면 된다. 유머도 쌓이는 것이고, 그것이 쌓이면 체계를 이루고, 체계는 곧바로 그 사람을 작동시키는 원천이 된다는 짐을 기억하자.

제5장

웃음의 달인 사례

찡그리는 데는 얼굴 근육이 72개나 필요하다.
하지만 웃는 데 필요한 근육의 수는 단 14개다.
참다운 유머는 지혜로 가득 차 있다.

1

웃음이 한국을 변화시킨다

송파구 석촌 호수 부근에 위치한 이요셉 소장이 운영하는 한국 웃음연구소는 한국의 대표 웃음연구소 중에 하나다.

한 기사에 의하면, 어느 날 이요셉 소장과 수강생들이 이 근처 길거리에서 무작정 크게 웃기 시작해 무려 30분간이나 계속 웃은 일이 있었다. 뒤에 걸린 플랜카드에는 '8천만 대한민국이 웃는 그날까지', '웃음이 세상을 바꾼다' 는 구호가 적혀 있었다.

그런데 바로 그때, 놀라운 일이 벌어졌다고 한다. 지역 부근에서 산책하던 시민들이 발걸음을 멈추면서, 구경꾼이 순식간에 50여 명으로 늘어난 것이다. 더 놀라운 것은 처음엔 '별 이상한 사람 다 보겠다' 는 표정이다가 점차 웃음이 번져나가기 시작했다는 사실이다.

얼마 안 가 사람들 사이에서 킥킥대는 웃음소리가 흘러나왔고 이요셉 소장이 구두를 벗어던지고 껄껄 웃으며 땅바닥을 뒹구는 순간, 그것을 지켜보는 사람들의 웃음소리도 점점 커지기 시작했다.

이 호쾌한 웃음 잔치에 대한 평도 가지각색이었다.

어떤 사람은 "웃음 부족한 사회에 이렇게 좋은 웃음이 전파되면 계층 간 세대 간 화합도 가능할 것이다"라며 기대를 보였고, 또 어떤 이는 "웃음소리가 너무 커서 콤플렉스였는데 이곳에선 전혀 문제될 것이 없다. 조깅하는 것보다 훨씬 뱃살이 많이 빠질 것 같다"고 말했다는 기사를 보며, 정말 웃음이라는 것이 순식간에 사람들에게 깊은 인상을 남긴다는 데 놀라움을 금치 못했다.

이요셉 소장은 이런 행사만 진행하는 것이 아니다. 20대부터 60대까지 다양한 연령대의 사람들과 배꼽이 떨어져라 웃는 것이 그의 직업이자 삶의 소명이다. 그는 2004년 12월부터 수강료 5만원을 받고 매월 한차례씩 웃음 스쿨을 여는데 4시간 강의 내내 웃음이 떠나지 않는다.

다음은 이 소장이 강의 중에 한 말이다.

"우리는 칠십 평생 잠자느라 26년, 걱정하느라 6년 7개월, 화장실 가느라 3년을 보내는데 웃는 데는 고작 3개월밖에 쓰지 않습니다. 바보들 중에 암 환자가 없는 이유는 순수하기 때문이지요."

그렇다면 과연 이렇게까지 열심히 웃을 필요가 있을까 하는 질문에 이 소장은 또다시 이렇게 답했다고 한다.

"크게 웃었던 경험은 뇌에 강하게 기억되고 생활로 돌아가서도 웃음에 대한 좋은 기억은 잘 잊혀지지 않습니다. 따라서 크게 많이 웃는 경험은 여러모로 큰 도움이 됩니다."

그의 수강생들의 인생 경력도 다양하다. 바쁘게 먹고 사느라 30년간 사람들과 만나지 못하고 골방에서 바느질만 하다가 웃는 법을 잊어버린 68세 할머니.

우리 부서는 웃는 사람이 없어 비전이 없으니 막내가 가서 웃음을 배워 부서에 퍼뜨리라는 특명을 받고 웃음 강의를 듣게 된 대기업 전략기획부 신입사원.

결혼한 지 41년이 됐는데 둘만 사니까 웃을 일은 없고 싸움만 많이 해서 며느리가 신청해줬다는 노부부 등 각계각층의 사람들이 한 덩어리가 되어 웃음꽃을 피운다.

그런가 하면 환자 소개로 방문한 한의사, 당뇨병을 30년 앓은 중년 남성, 긴박한 화재 현장에서 웃음을 잃어버린 소방관, 고교 때 응원단장까지 했으나 15년간 서류더미에 묻혀 있다가 얼굴 근육이 굳어져 밥을 먹으면 밥알을 마구 흘리는 지경에 처한 회사원 등도 이 웃음 클래스에서 마음껏 웃고 간다는 것이다.

이 소장이 이 일을 시작한 것은 그의 직업 덕분이기도 했다. 그는 병원에서 암환자의 상담 직원으로 일하다가 '웃음 치료의 효과'를 확신한 뒤,

웃음을 본격적으로 전파해야겠다는 생각에 2002년 이 연구소를 만들었다. 이 연구소에서는 코미디 방송작가 출신인 이성미 기획실장 등 웃음에 관심 가진 4명의 연구원들이 함께 외국의 논문도 번역하고 자료도 수집하면서 웃음에 대한 연구를 진행 중이다.

실제로 그들이 모은 사례 중에는, 한 대장암 환자가 5일 동안 배를 잡고 웃고 난 뒤 면역 수치가 2배 가까이 높아져 의사가 놀란 일도 있었다.

심지어 대기업 임원들은 물론 부산·창원·울산 검찰청 검사들까지 이 강의를 들으러 온다고 한다.

이 소장은 웃음에 대해 이렇게 말한다.

 "반드시 행복해야 웃는 게 아니라 억지로 웃으면 행복할 수 있습니다. 게다가 크게 웃으면 모르핀보다 강한 통증감소 호르몬 '엔케팔린'이 나오기 때문에 우리 몸의 면역력은 더 좋아지니 일석이조가 아닙니까."

2

망가질수록
웃음의 달인이 되는 사람들

  자신을 망가뜨린다는 것은 어떤 면에서 자존심이 상하는 일이 될 수도 있다. 특히 여자들에게는 더더욱 그럴 것이다.

  그러나 그것이 타인의 웃음을 위한 것이라면 다시 한 번 재고해볼 만한 가치가 있다고 여겨지는 것이 요즘 추세다.

  요즘 같은 분위기에서는 누군가 헌신적인 자세로 타인에게 웃음을 줄 때, 그것을 '어리석다, 바보같다' 라고 표현하지 않기 때문이다. 아니, 오히려 자신을 망가뜨려 웃음을 주는 이들이 차세대 스타로 부각되거나 어디에서나 환영 받는 감초 같은 역할을 맡는 경우가 적지 않다.

  자기를 낮춰 타인을 웃기는 것이 '자존심 상하는 일' 이 아니라 '솔직담백하고 털털한 인상을 주는 일' 로 여겨지는 셈이다.

  최근 몇몇 일본 여배우들이 이 점을 온몸으로 증명하고 있다. 일본의 유명한 여배우 우에노 주리는 물론 아야세 하루카, 호리키타 마키, 나카마

유키에 등 나머지 일본을 대표하는 여배우들이 바로 그들이다. 이들을 가만히 보면 관통하는 한 가지 코드가 있다.

바로 그 유명한 '엽기 코드' 다. 이들은 만화를 원작으로 한 드라마들에 출연하기도 했는데 이 안에서 그야말로 놀라운 변신을 이룩했다. 평소 청순한 이미지로 사랑받았던 이들이 갑자기 엉뚱하고 거칠거나 우스꽝스러운 이미지로 대 변신을 시도한 것이다.

특히 일본 최고의 음악 드라마라고 불리는 '노다메칸타빌레'의 주인공을 맡은 우에노 주리의 노력에는 감탄하지 않을 수 없다. 우에노 주리가 맡은 캐릭터는 그야말로 우스꽝스럽고도 친밀하다.

이 드라마에 그녀는 사흘이나 머리를 안 감고, 닷새 동안이나 목욕을 안하고, 집안을 쓰레기통으로 만들고, 땅바닥에 떨어진 것까지 주워 먹는 기이한(?) 인물로 그려진다.

아야세 하루카도 비슷하다. 19세 때 주인공으로 출연한 드라마 '세상의 중심에서 사랑을 이치다'에서는 시한부 인생을 사는 청순 가련한 배우 이미지를 쌓았다가, 지난해 방송된 「호타루의 빛」에서 이른바 '건어물녀'라는 새로운 신드롬을 탄생시켰다.

건어물녀란 너무 오랜 솔로 생활에 연애 세포가 말라버린 여자를 일컫는다. 그리고 이 건어물녀 신드롬은 일본에 이어 우리나라까지 강타했고, 인터넷에서 심심찮게 이 건어물녀를 자칭하는 많은 네티즌들이 웃음을 자아내기도 했다.

이런 현상은 비단 일본만이 아니다.

엉뚱한 매력으로 텔레비전 드라마를 강타한 「내 사랑 김삼순」의 삼순이 신드롬은 물론 아름다운 외모에 대한 편견에서 벗어나 「환상의 커플」에서 파격적인 연기를 보여준 한예슬 씨 등 역시 망가지는 유머로 자신의 이미지를 업그레이드시킨 사례다.

이것은 바로 내숭을 버리는 순간 스타가 되는 새로운 인기 코드의 전성기가 다가왔음을 보여준다. 자신을 낮추고 남을 웃김으로써 사랑을 받는 웃음의 달인의 정석이 영화계에서도 여지없이 적용되고 있는 셈이다.

3

달인들의 웃음 테크닉

　웃음은 여러 방향에서 온다. 다시 말해 웃음에는 정해진 길이 없다는 것이다. 웃음 테크닉은 다양한 통로로 발생되는 웃음을 통해 우리가 어떤 방식으로 웃게 되는지를 잘 보여준다. 다음은 대표적인 웃음 테크닉들로, 그 사례를 곰곰이 살피다 보면 웃음의 메커니즘을 파악할 수 있을 것이다.

* 상식 뒤엎기

대학 졸업식장에 내빈으로 참석한 영부인 부시 여사가 졸업생들 앞에서 축사를 했다.
"여기 앉자 계신 여러분 중에는 훗날 나처럼 백악관으로 가서 대통령의 배우자가 될 사람도 있을 겁니다."
그리고는 이렇게 말했다.
"그 남학생에게 행운을 빕니다."
졸업식장은 순식간에 커다란 웃음 소리와 박수 갈채로 뒤덮였다.

이것은 부시 전 미국 대통령의 부인인 바바라 부시가 1990년에 미국 웰즐리(Wellesley)대학의 졸업식장에서 축사로 했던 연설 중의 일부로, 역발상 유머 중에서도 명작으로 꼽힐 만한 사례다. 바바라 부시는 '미래의 대통령의 배우자'가 당연히 여학생일 것이라는 통념을 뒤집으며 '여자도 얼마든지 대통령이 될 수 있다'는 진보적 메시지를 유머러스하게 전달하고 있다.

* 일침 가하기

한 아이가 공자에게 다음과 같이 물었다.
「선생님, 하늘에 떠 있는 별은 도대체 몇 개나 되는지요?」
공자는 난처한 듯 이렇게 대답했다.
「아이야, 난 그렇게 먼 곳의 일보다는 내 가장 가까운 일만을 생각한단다.」

이런 상황에 처하게 되면 공자님께서 아무리 지혜롭다 하더라도 당황하지 않을 수 없을 것이다. 이처럼 어떤 상황에서 유머는 상대의 완벽한 틀을 깨면서 시작된다.

* 말 비틀기

 늦은 밤, 술에 취한 한 남자가 버스에 올라탔다. 그리고 뭔가 불만이 많은 듯 혼자 중얼거리더니 대뜸 운전사에게 시비를 걸었다.

「운전사 양반. 이 차는 왜 이렇게 흔들리는 거요?」

운전사는 그 시비를 정면으로 받으면 당장 싸움이 일어날 듯해 느긋하게 대답했다.

「예, 손님. 길의 포장이 매끄럽지 못해서 그렇습니다. 양해하십시오.」

이에 남자도 할 말이 없는 듯 가만히 있다가 차가 마침 포장이 잘된 길로 접어들자 다시 비아냥대기 시작했다.

「허허, 포장 잘된 길에서도 흔들리기는 마찬가지 아니오. 이 고물 버스는 늘 이 모양이오?」

그러자 운전사는 다시 한 번 대답했다.

「아닙니다, 손님. 이 차도 정지해 있을 때는 절대 흔들리지 않습니다만.」

다짜고짜 시비를 걸어오는 사람에게 같이 시비로 응수했다가는 문제가 커질 수 있다. 이럴 때는 말을 살짝 비틀어 상대의 말문을 막히게 하는 유머가 적절하다.

* 위기에서 탈출하기

 어느 백화점 지하에 위치한 매점에서 일어난 일이다. 손님들이 맛있게 음식을 먹고 있는데 갑자기 발밑으로 쥐 한 마리가 쪼르르 기어 달아났다. 그걸 본 손님이 얼마나 놀랐는지는 쉽게 짐작할 수 있을 것이다. 위생 면으로 철저하다고 믿었던 백화점에서 쥐라니!

손님들은 금방 항의하기 시작했다. 백화점 매장에서 쥐가 다닌다고 소문이 나면 당장이라도 문을 닫아야 할 판이었다.

이때 매장의 여직원이 흠흠 헛기침을 하더니 낭랑한 목소리로 외쳤다.

「여러분 놀라지 마세요. 저 쥐는 우리 매장의 마스코트랍니다.」

한 박사가 어느 대학에서 초청 강연을 끝냈을 때였다. 강연이 끝나고 담소를 나누던 자리에서 어느 학생이 의아하다는 듯이 이렇게 물었다.

「박사님, 오늘 강연은 아주 잘 들었습니다. 다만 그 이야기는 저번에 강연하신 것과 똑같은 내용이더군요, 그렇지 않습니까?」

박사는 잠시 당황했다. 아무래도 여러 강연을 다니다 보니 내용이 뒤섞인 모양이었다. 그러나 박사는 당황하지 않고 학생의 등을 두드려주며 이렇게 말했다.

「허허, 이 사람아! 소 뼈다귀도 두 번은 우려먹는다는데, 국보급 명 강의를 두 번쯤 들었기로소니 뭐가 이상한가?

속담에 '말 한마디로 천냥 빚을 갚는다.' 는 말이 있다. 위의 사례들은 곤란한 순간에 발휘되는 유머의 가치를 잘 표현했다고 볼 수 있다.

* 비유로 강조하기

 어느 대학 화학 실험실에서 벌어진 일이다. 학점 인색하기로 유명한 한 교수가 학생들과 실험을 준비하고 있었다. 그는 자기 비커 속의 액체를 손가락으로 찍어 맛을 보고난 뒤, 학생들도 따라하도록 했다. 이어서 교수가 이렇게 말했다.

「그 비커들에는 내 오줌이 담겨 있었습니다.」

그 말에 학생들은 깜짝 놀라고 말았다. 자기들이 먹은 게 오줌이라니 구역질이 나올 지경이었다. 그때 교수가 다시 싱긋 웃으며 놀리듯이 말했다.

「그런데 고백할 게 있소, 자네들은 이걸 맛봤지만 나는 그저 흉내만 냈지요. 이렇게 말이오.」

그는 비커 속에 검지를 담근 뒤 슬쩍 검지 아닌 중지를 입속에 넣는 시늉을 했다. 이 말에 학생들은 모두 화가 잔뜩 났고 불평이 터져나왔다. 그러자 또다시 교수가 말했다.

「하하, 농담이었소. 여러분이 맛을 본 그 액체는 내 오줌이 아니라 증류수에 포도주를 약간 탄 액체니까.」

그 말에 학생들 사이에서는 안도의 한숨과 허탈한 표정이 터져 나왔다. 그때 교수가 아무렇지 않게 말을 이어갔다.

「잘 보시오. 화학 실험이란 바로 이런 것이오. 누가 먼저 똑바로 용기 있게 관찰하는가에 그 실험의 핵심이 달려 있는 것이지요.」

이 일이 있은 후, 교수가 말하고자 하던 바가 학생들 머리에 정확히 각인되었으리라는 것은 의심의 여지가 없다. 이처럼 유머는 때때로 중요한 요지를 비유적으로 강조하는 데 훌륭하게 사용되기도 한다.

* 유쾌하게 화해하기

 평소에 금슬 좋은 한 부부가 있었다. 이 두 사람도 여느 부부와 다르지 않게 종종 타투곤 했는데 그럼에도 그 싸운 기색이 오래 가지 않곤 했다.
그날도 부부는 잠시 다투고 남편은 화를 내며 2층으로 올라가 버렸다. 그때 누군가 초인종을 눌렀다.

부인 : 누구시죠?
손님 : 안녕하세요? 가스회사 직원입니다.
부인 : 아, 오셨군요.
손님 : 이 댁에 제대로 작동되지 않는 것이 있다고 해서 찾아왔습니다.

그러자 부인은 아무렇지도 않은 얼굴로 크게 말했다.

「아, 내 남편이라면 2층에 있죠. 자, 여보! 이리 내려와 봐요!」

물론 아내의 말은 2층에 있는 남편에게도 들렸을 것이다. 그걸 들은 남편은 과연 어떤 기분이었을까? 모르긴 몰라도 더 이상 화를 낼 수 없었을 것이다. 부부싸움은 우리가 일상생활에서 부딪치는 가장 흔한 다툼 중에

하나다. 자존심을 내세워 화해하기 어렵다면 유쾌한 꼬집기로 화해를 시
도해보자. 웃음 앞에서는 염라대왕도 꼼짝할 수 없는 법이다. 서로 웃게
만드는 관계는 깊은 골이 생길 수 없다.

* 공감으로 마음 얻기

 어느 동네에서 벌어진 일이다. 한 아저씨가 열심히 골목을 쓸고 있는데 한 작
은 소녀가 다가와서 이렇게 물었다.
「어, 아저씨도 아줌마가 청소하라고 시킨 거죠?」
그 말에 아저씨는 웃지 않을 수 없었다. 보아하니 소녀네 집은 아마도 부인 성
화에 남편이 비를 들고 청소를 하는 모양이었다. 어쩌면 나중에 저 꼬마도 남
편에게 당연히 비질을 시킬지 모른다는 생각이 들었다. 아저씨는 그렇다고 대
답할 수도 없고, 아니라고 대답할 수도 없는 상황에서 고개를 끄덕이며 말했
다.
「으응, 그렇단다. 부부란 일생에 20년씩 마당 청소를 분담하는 사이를 말하지.
아저씨는 오늘이 19년째야. 그러니 내년부터는 아줌마가 마당을 쓸 거야.」
그 말에 아이는 활짝 웃었다.
「제가 일곱 살이니까 그럼 우리 아빠는 13년이나 남았네요.」
그 말에 아저씨는 빙긋 웃어주었다.
「그럼, 뭐든 20년은 해야 제대로 하지.」

다급한 회의가 있던 아침, 한 직원이 한 시간이나 지각을 했다.

회의 장소로 헐레벌떡 들어온 직원이 머리를 긁적이면서 사과를 했다. 그것을 혼낼 수도 없고, 혼내지 않을 수도 없는 상황이었다. 그래서 상사는 짐짓 화를 내며 이렇게 말했다.

「이보게, 자네는 오늘 왜 이렇게 늦었나? 회사원 맞나?」

그러자 지각한 사원은 싱긋 웃으면서 말했다.

「오늘 아침 아파트에서 나오다가 3층에서 1층까지 굴렀거든요.」

그 말에 사람들은 웃음을 터뜨렸다. 3층에서 1층까지 구르는 데 한 시간이나 걸린다니 말도 되지 않는다는 것을 알아서였다.

그러나 상사는 더 꾸짖지 않고 이렇게 말했다.

「하긴 나도 언젠가 10층에서 1층까지 구르느라 퇴근 시간에 도착한 적도 있지. 자, 어서 앉게! 회의 시작하세. 」

그 말에 주변 동료들은 더 한바탕 웃을 수밖에 없었다.

이 유머는 보는 이들마저도 따뜻한 공감 속으로 끌어들인다. 아이의 질문을 듣고 아이의 입장에서 유머를 구사하는 이 남자는 아이가 어떤 생각을 할지를 고민하고 공감을 발산한다. 사실 그대로 이야기하면 아이는 '사실에 대한 지식'을 얻었을지는 몰라도 그다지 즐거운 기억은 아니었을 것이다.

이처럼 유머는 상대의 입장에서 생각하고 상대를 배려하는 마음에서 우러날 때 따뜻한 웃음을 유발한다. 두 번째도 마찬가지다. 일일이 따지고 들면 직원들이 지각하는 일은 조금 줄겠지만, 서로 무안하고 전체적인 분위기를 망쳐 결과적으로는 꾸짖지 않는 것만 못했을 것이다. 그러나 상사는 공감의 언어를 택했고, 서로의 말에 맞장구를 쳐주는 이 같은 공감 유머는 유대감을 강화하고 마음을 밝게 해주는 효과가 있다.

당신의 웃음 실력은 얼마나 되는가?

1. 아침마다 신문이나 인터넷 유머란에서 유머를 찾아 읽는다.

   1. 그렇다.   2. 가끔   3.   아니다.   4.   매우 아니다.

2. 사람들이 나를 '웃긴 사람' 으로 봐도 크게 개의치 않는다.

   1. 그렇다.   2. 가끔   3.   아니다.   4.   매우 아니다.

3. 사람들이 모인 자리에서 유머를 한 개 이상 말하는 편이다.

   1. 그렇다.   2. 가끔   3.   아니다.   4.   매우 아니다.

4. 웃음이 인간관계에 도움이 된다고 믿는다.

   1. 그렇다.   2. 가끔   3.   아니다.   4.   매우 아니다.

5. 상대방의 말에 잘 웃어주는 편이다.

   1. 그렇다.   2. 가끔   3.   아니다.   4.   매우 아니다.

6. 나와 가장 가까운 가족들도 웃길 자신이 있다.

   1. 그렇다.   2. 가끔   3.   아니다.   4.   매우 아니다.

7. 남들이 내 농담에 웃는 것을 보는 것이 즐겁다.

   1. 그렇다.   2. 가끔   3.   아니다.   4.   매우 아니다.

8. 나는 웃을 때 크게 소리 내서 웃는다.
  1. 그렇다.　2. 가끔　3.　아니다.　4.　매우 아니다.

9. 때때로 거울을 보면서 표정 연습을 한다.
  1. 그렇다.　2. 가끔　3.　아니다.　4.　매우 아니다.

10. 싸울 일도 웃음으로 잘 넘기곤 한다.
  1. 그렇다.　2. 가끔　3.　아니다.　4.　매우 아니다.

11. 이왕이면 같은 말도 재미있게 하는 편이다.
  1. 그렇다.　2. 가끔　3.　아니다.　4.　매우 아니다.

12. 타인의 결점을 지적할 때 먼저 웃음으로 분위기를 부드럽게 만든다.
  1. 그렇다.　2. 가끔　3.　아니다.　4.　매우 아니다.

13. 어딜 가나 유머러스한 분위기를 잘 만든다.
  1. 그렇다.　2. 가끔　3.　아니다.　4.　매우 아니다.

14. 주변으로부터 웃는 얼굴을 칭찬받아본 적이 있다.
  1. 그렇다.　2. 가끔　3.　아니다.　4.　매우 아니다.

15. 최신 유행 유머를 잘 아는 편이다.

   1. 그렇다.   2. 가끔   3.   아니다.   4.   매우 아니다.

16. 유머로 위기를 모면해본 적이 있다.

   1. 그렇다.   2. 가끔   3.   아니다.   4.   매우 아니다.

17. 재치 있다는 말을 듣는다.

   1. 그렇다.   2. 가끔   3.   아니다.   4.   매우 아니다.

18. 사람들이 나와 이야기하는 것을 즐기는 편이다.

   1. 그렇다.   2. 가끔   3.   아니다.   4.   매우 아니다.

19. 나만의 유머를 창조하는 편이다.

   1. 그렇다.   2. 가끔   3.   아니다.   4.   매우 아니다.

20. 유머 관련 책을 읽는다.

   1. 그렇다.   2. 가끔   3.   아니다.   4.   매우 아니다.

채점 방법

그렇다 = 4점, 가끔= 3점, 아니다= 2점, 매우 아니다= 1점,
해당되는 점수에 체크를 한 뒤 그 점수의 값을 합산한다.

점수 체크

50~60점 사이 : 웃음의 달인, 어딜 가나 환영받고 웃음꽃이 끊이지
않는 매력적인 사람.

25~49점 사이 : 잠재력 있는 재치형, 좀 더 노력하면 웃음의 달인이
될 수 있다.

24점 이하 : 아직은 준비생, 자기표현에 익숙지 않고 무뚝뚝하지만,
얼마든지 노력에 따라 웃음의 달인이 될 수 있다.

참고자료

편 경영리더십 / 한광일 / 미래북
처음부터 말 잘하는 사람은 없다 / 가미오카신지 저, 황혜숙 역 / 넥서스BIZ
성공하려면 유머와 위트로 무장하라 / 민영욱 / 가림출판사
당신의 성공엔 '유머'가 있다 / 차종환 / 나산출판사
유머의 공식 / 요네하라 마리 저, 이현진 역 / 중앙books
HaHaHa! 유머교수법 / 도니 탬블린 저, 윤영삼 역 / 다산북스
고품격 유머 스트레칭 / 임붕영 / 다산북스
유머코드 / 송길원 / 랜덤하우스코리아
성공하는 리더를 위한 유머기법 7가지 / 김진배 / 뜨인돌
CEO가 알아야 할 유머의 기술 / 심진섭 / 21세기북스
유머사전 / 로버트 오벤 저. 김혜진 역 / 미래지식
팀장 유머 / 장 페레 저, 하남경 역 / 새로운제안
상식을 뒤집는 Wit & Wisdom / 설태수 역, 설승순 그림 / bookin(북인)
설득과 칭찬보다 강한 비타민 유머 / 황정수 저, 송진욱 그림 / 미다스북스
웃기는 철학 / 고정식 / 넥서스
사람의 마음을 움직이는 기술 유머코칭이 답이다 / 황의만 / 보성출판사
인터넷 및 각종 신문자료 참조

Let's make a dream! Change your life!

행복 에너지로 풀어가는
성공적인 웃음 프로그램

매일 아침 당신을 더 행복하게 만드는, FUN 에너지가 필요하십니까?

유머의 가치를 알고 그것이 주는 효과를 최대로 누리기를 원하십니까?

이 시대의 웃음은 비즈니스, 대인관계, 자기계발,

이 모든 것을 이루기 위한 첫번째 열쇠입니다.

함께 성공을 나눌 수 있는 모든 관계의 시작입니다.

_ 웃음에 자신이 없으신 분,

_ 더 유쾌한 삶을 원하시는 분,

_ 대인관계에 어려움을 느끼시는 분,

이 모든 분들께 '뚝딱이 아빠' 김종석이 다가갑니다.

김종석의 따뜻한 웃음 강연에 여러분을 초대합니다.

Contents

세상에서 가장 잘 웃는 법 : 웃음의 건강 증진 효과, 갈등 해소 효과를 느껴보는 웃음 체험 프로그램

유머 기술 : 언제 어디서나 응용할 수 있는 유머의 법칙을 배워보는 유머 공부 프로그램

유머와 생활 : 생활 속에서 즐길 수 있는 유머를 통해 관계를 풀어가는 대인 비즈니스 프로그램

유머 & FUN 경영 : CEO와 직장인들이 함께 듣는 21세기를 끌어갈 새로운 경영 법칙, 유머 경영 프로그램

웃음의 달인이 되기 위한 5가지 습관 : 유머 감각의 달인이 되고자 하는 이들을 위한 자기 계발 프로그램

*강의 문의전화 : 010-5627-9784

대한민국의 '웃음의 멘토' 김종석

청와대, 정부부처, 공공기관, 대학교, 대학원, 최고경영자 과정, 기업체 8,000여 곳에서 공무원,
기업인, 직장인, 일반인들을 대상으로 대중강의와 세미나, MC진행을 통해 조직의 능력을
극대화하는데 엄청난 성과를 거두었으며, 2007년 캐릭터 인기 특별상을 수상 대중적 인기를
얻고 있는 이 시대 최고 인기강사다.
현재 서정대학교 유아교육과 교수, 음성동요학교 교장, EBS〈딩동댕 유치원〉에서
'뚝딱이 아빠' 로 출연 활동하고 있다.
동국대학교와 중앙대학교 방송대학원에서 광고학 석사와 동국대학교 대학원 유아 연극과를
수료했으며 성균관대학교 대학원에서 아동학 박사학위를 수료했다.
자산관리를 위한 부동산 프로젝트 개발 자격증 '프로젝트 파이낸싱(Project Financing)취득과
기업합병 M&A를 연구하고 있다.
이밖에 MBC공채로 데뷔해〈뽀뽀뽀〉, EBS〈딩동댕 유치원〉, MBC 청소년 프로그램
〈내 친구들의 세상〉, KBS〈폭소클럽〉,〈청춘 만만세〉,〈일요일 밤의 대행진〉,〈폭소대작전〉등
각종 방송에도 출연했다.
또한 공개 방송중 "어떻게 놀아야 할지 모른다." 는 부모의 고민들을 접하며 베스트셀러가 된
〈아빠가 놀아주면 아이는 확 달라진다〉등의 저서를 집필하였다.

당신의 가치를 업그레이드하는

웃음의 달인

1판 1쇄 발행 · 2008년 11월 10일
지은이 · 김종석 지음
발행인 · 이용길
발행처 · MOABOOKS 모아북스
총괄기획 · 정윤상 편집위원 · 최성배 홍보 · 안희섭
영업 · 권계식 관리 · 윤재현 본문 디자인 · 이룸
출판등록번호 · 제 10-1857호
등록일자 · 1999. 11. 15
등록된 곳 · 경기도 고양시 일산구 백석동 1332-1 레이크하임 404호
대표 전화 · 0505-627-9784 팩스 · 031-902-5236
홈페이지 http://www.moabooks.com · 이메일 moabooks@hanmail.net
ISBN 978-89-90539-49-6 13320